TASCHEN NÄHEN

INHALT

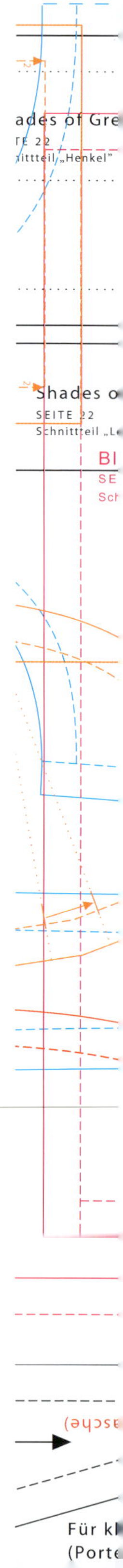

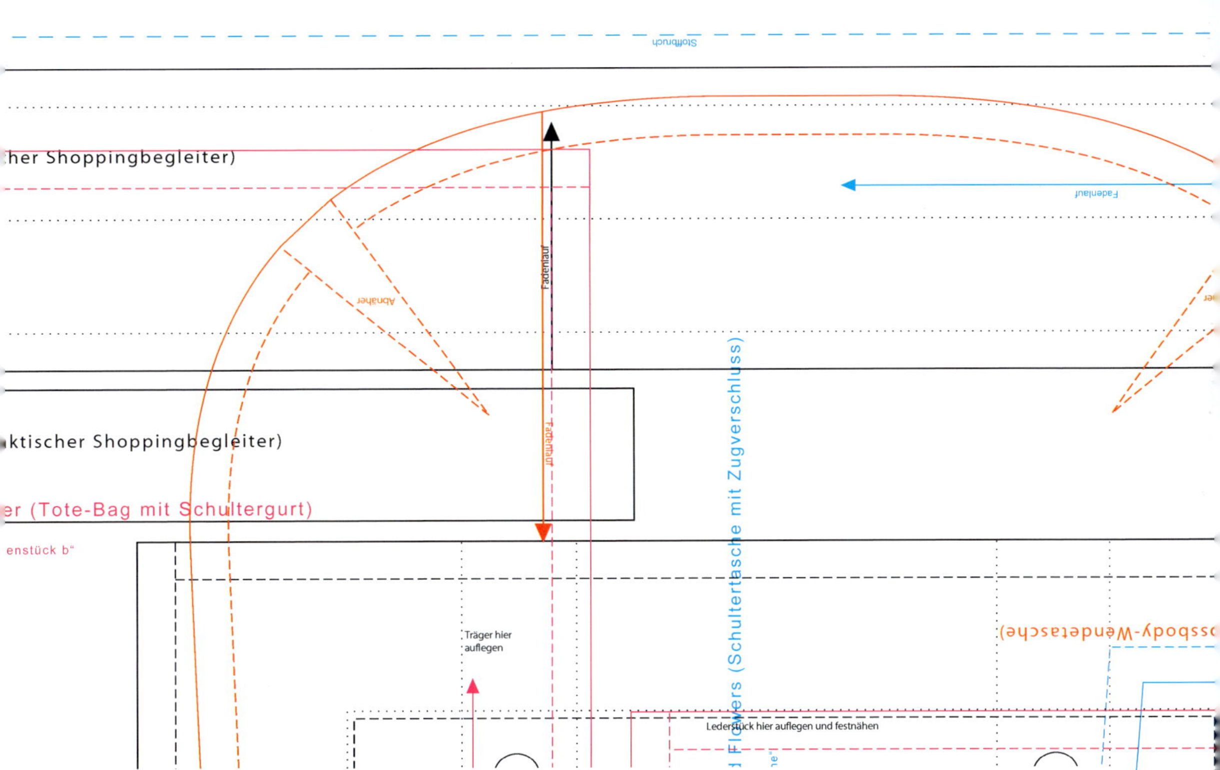

MIRIAM DORNEMANN

TASCHEN NÄHEN – AUFGEFRISCHT

Dieses Buch ist erstmals 2016 erschienen, und aufgrund seines großen Erfolgs gab es bereits mehrere Auflagen. Für diese aktuelle Neuauflage habe ich einige Veränderungen vorgenommen. Zwei Taschenmodelle wurden durch trendigere Schnitte ersetzt und zwei weitere Schnitte leicht angepasst. So präsentiert sich der beliebte Klassiker nun wieder frisch und modern.

An der Idee hat sich aber nichts geändert: Dieses Taschennähbuch richtet sich speziell an Taschen-Nähanfänger. Zu Beginn finden Sie die Grundlagen zum Nähen von Taschen und im Anschluss daran Taschenmodelle mit und ohne Reißverschluss. Beginnen Sie mit den einfachen Taschen und arbeiten Sie sich dann zu den umfangreicheren oder schwierigeren Modellen vor. Liebe Taschenfans: Holen Sie die Nähmaschine raus und legen Sie los.

Kreative Grüße
Ihre

Miriam Dornemann

GRUNDWISSEN

STOFFE

Die Taschen in diesem Buch sind hauptsächlich aus nicht dehnbarer Baumwoll-Webware genäht. Diese **Baumwollstoffe** sind das perfekte Material für Nähanfänger: Sie sind nicht zu dünn, verrutschen dadurch nicht so leicht und ziehen sich beim Nähen nicht zusammen. Sie sind aber auch nicht zu dick, was für manche Nähmaschinen ein Problem darstellt. Außerdem bleiben sie schön in Form und verziehen sich nicht. Fassen Sie beim Kauf den Stoff an und ziehen sie ihn leicht auseinander. Er sollte nicht zu weich sein und sich nur diagonal leicht verziehen lassen. Im Lauf der Fäden sollte er sich auf keinen Fall dehnen.

Je größer die Tasche ist, desto dicker darf der Stoff sein, da die Tasche dadurch mehr Festigkeit erhält. Für große Taschen wie die Bucket (Seite 30), den Shopper (Seite 36) oder die Tote Bag (Seite 44) lässt sich auch ein **Jeansstoff** oder **Köper**, ein jeansähnlicher Stoff mit einer etwas anderen Webart, verwenden. Manche speziellen Taschenstoffe – wie der für die Bucket verwendete Stoff – haben eine bereits eingeklebte oder eingenähte Vlieseinlage. Sie brauchen nicht unbedingt mit einer zusätzlichen Vlieseinlage verstärkt zu werden.

FILZ

Filz ist ebenfalls ein anfängerfreundliches Material, da die Ränder nicht ausfransen und daher nicht versäubert werden müssen. **Wollfilz** wird durch Walken von Schafswolle hergestellt. Er fühlt sich sehr weich an, ist allerdings recht teuer. **Synthetik-** oder **Bastelfilz** besteht meist aus Viskose, ist etwas rauher als Wollfilz und pillt auch schneller. Er ist jedoch sehr kostengünstig und daher für die ersten Nähversuche mit Filz gut geeignet.

MATERIAL

VLIESEINLAGEN

Vlieseinlagen verleihen den Modellen Festigkeit und Formbeständigkeit. Es gibt sie in unterschiedlichen Stärken und für unterschiedliche Verwendungszwecke.

G 405: Eine leichtere universelle Einlage mit kleinen Klebepunkten. Zum Aufbügeln ein feuchtes Tuch auf die Vlieseinlage legen, dann zwölf Sekunden auf Stufe •• bis ••• bügeln.

S 320: Die leichte Schabracken-Einlage gibt Halt und ist perfekt für Objekte mit leichter Standkraft. Zum Aufbügeln ein feuchtes Tuch auf die Vlieseinlage legen, dann 15 Sekunden auf Stufe •• bis ••• Stück für Stück aufpressen.

S 520: Ist jedoch stärker als S 320 und gibt mehr Halt. Durch ihre Steifheit kann das Wenden etwas schwieriger sein. Zum Aufbügeln ein feuchtes Tuch auf die Vlieseinlage legen, dann 15 Sekunden auf Stufe •• bis ••• Stück für Stück aufpressen.

Vliesofix: Ein doppelseitig klebendes Vlies zum Applizieren von Motiven. Es wird in zwei Schritten verarbeitet. Zunächst mit der Klebeschicht auf den zu applizierenden Stoff legen und aufbügeln. Das Wachspapier schützt dabei das Bügeleisen. Danach das Motiv ausschneiden, das Wachspapier von der Rückseite lösen, auf den gewünschten Stoff auflegen und festbügeln. Zum Schluss die Ränder knappkantig absteppen.

ZUBEHÖR

NÄHGARN

Mit **Polyesternähgarn** lassen sich alle Baumwollstoffe nähen. Die Nähte aus Polyestergarn bleiben strapazierfähig, während **Baumwollnähgarne** leicht reißen. Mit stärkeren Nähgarnen – wie sie etwa für die Dekonähte bei Jeans verwendet werden – haben die meisten Nähmaschinen Probleme und die Nähte ziehen sich zusammen.

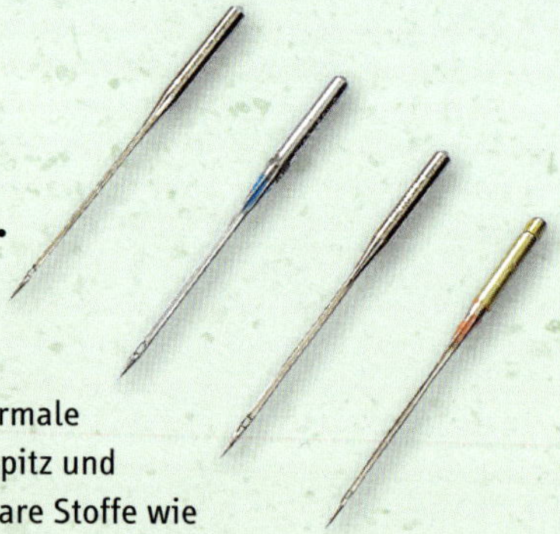

MASCHINENNÄHNADELN

Bei den Nadeln für die Nähmaschine gibt es zwei unterschiedliche Arten. Die Nadeln für normale Webware wie etwa Baumwollstoffe sind vorn spitz und dringen gut durch die Stoffe. Nadeln für dehnbare Stoffe wie etwa Jersey haben eine abgerundete Spitze, die beim Nähen den Stoff nicht beschädigt.

Alle Nähnadeln gibt es in unterschiedlichen **Stärken**. Für die Taschen im Buch benötigen Sie spitze 70er- bis 90er-Nadeln. Nadeln in Stärke 70 für normale Webware, Stärke 80 für mittelstarke Webware oder Webware mit aufgebügeltem Vlies und Stärke 90 für schwere und dicke Stoffe.

PRAKTISCHE HELFER

Zum Übertragen von Markierungen im Schnittmuster eignet sich am besten ein **Schneiderkreidestift** oder ein **Trickmarker**. Wenn Sie einen **Bleistift** verwenden, arbeiten Sie nur auf der linken Stoffseite. Ein **Maßband** hilft beim Abmessen von Nahtzugaben, Henkel- und Trägerzuschnitten usw. Zum Fixieren der Stofflagen verwenden Sie möglichst dünne und lange **Stecknadeln** mit kleinen Metallköpfen. Diese können Sie mit der der Maschine übernähen. Bei **Handnähnadeln** eignet sich eine dünne lange Nadel am besten.

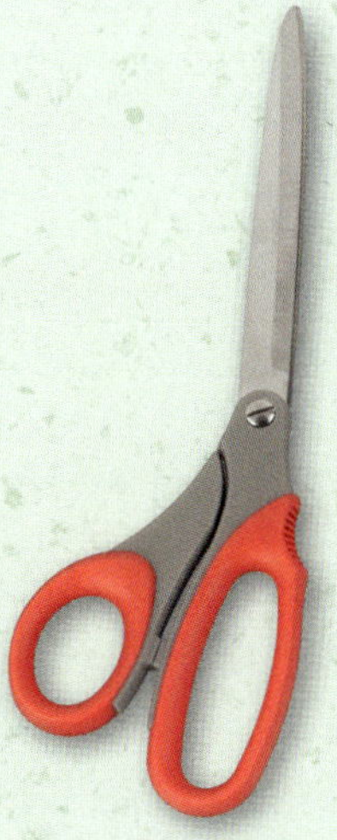

SCHEREN

Optimal zum Nähen sind drei verschiedene Scheren. Eine spezielle **Stoffschere** zum Zuschneiden der Schnittteile aus Stoff. Sparen Sie nicht an diesem Werkzeug und kaufen Sie eine hochwertige Stoffschere, billige und stumpfe Scheren erschweren die Arbeit. Darüber hinaus benötigen Sie eine **Papierschere**, mit der Sie die Schnittmuster ausschneiden. Papier lässt Scheren schnell stumpf werden; schneiden Sie daher Papier nie mit der Stoffschere. Praktisch ist außerdem eine **kleine spitze Schere** zum Abschneiden der Fäden.

ZUSCHNEIDEN

SIEHE **SPICKZETTEL**

SCHNITTMUSTER KOPIEREN

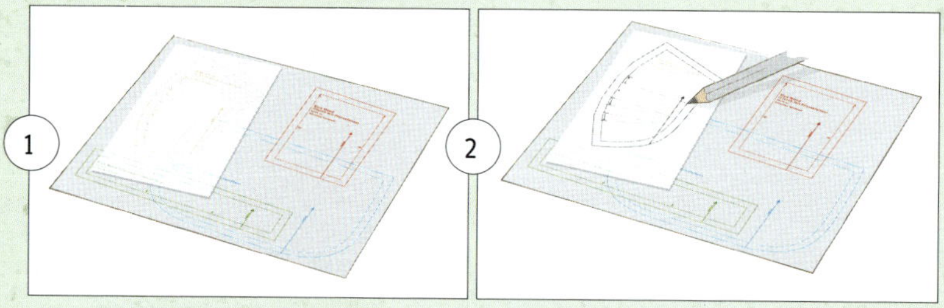

Die Schnittmuster für die Modelle werden von dem Schnittmusterbogen auf Schnittmusterpapier kopiert. **1** Schnittmusterpapier (leicht transparentes Kopierpapier) auf das Schnittmuster im Schnittmusterbogen legen. **2** Mit Filzstift die Schnitt-, Naht-, Falt- und Ansatzlinien sowie alle Markierungen (siehe Legende auf Schnittmusterbogen) auf das Transparentpapier übertragen. **3** Das Schnittmuster ausschneiden.

STOFF ZUSCHNEIDEN

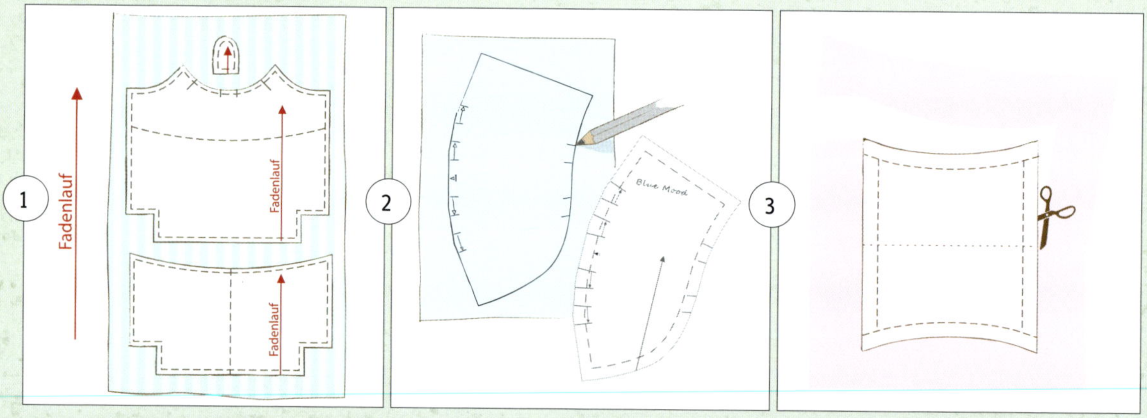

Vor dem Zuschneiden sollten die Stoffe gewaschen werden. Baumwollstoffe laufen beim ersten Waschen immer etwas ein. **1** Die Schnittmuster auf die rechte Stoffseite legen. Dabei darauf achten, dass der Pfeil „Fadenlauf" stets parallel zu den beiden festen Außenkanten (Webkanten) des Stoffs verläuft. **2** Die Schnittmuster mit Stecknadeln fixieren und alle Markierungen (nummerierte Pfeile, Abnäher usw.) vom Schnittmuster mit Trickmarker oder Schneiderkreide auf den Stoff übertragen. **3** Die Schnittteile entlang der Schnittmusterkante ausschneiden.
Hinweis: Die Schnittmuster in diesem Buch enthalten bereits 1 cm Nahtzugabe. Die gestrichelte Linie neben der Schnittlinie zeigt daher die Nahtlinie an. Wenn **Schnittteile ohne Nahtzugabe** (z. B. Vlieseinlagen) zugeschnitten werden müssen, entweder das Schnittmuster entlang der Nahtlinie nochmals abpausen und ausschneiden oder vom vorhandenen Schnittmuster die Nahtzugabe abschneiden und dann das entsprechende Teil zuschneiden.

IM STOFFBRUCH ZUSCHNEIDEN

Den Stoff links auf links zusammenlegen, sodass die Webkanten parallel zueinander liegen. Anschließend das Schnittmuster mit der entsprechenden Seite im Stoffbruch anlegen.

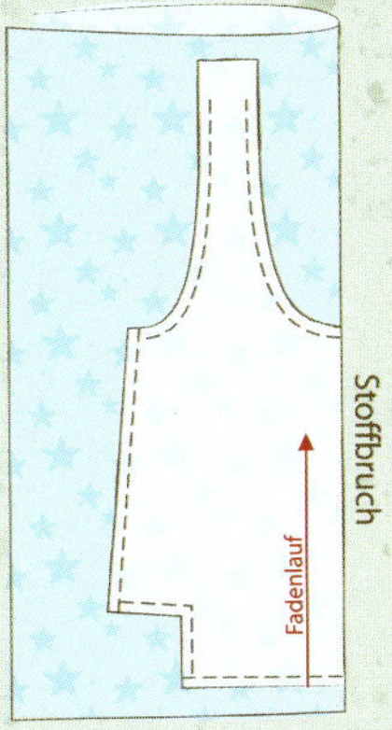

VLIESEINLAGE ZUSCHNEIDEN

Die Zuschnitttabelle bei den Modellanleitungen gibt an, ob die entsprechenden Zuschnitte aus Vlieseinlage mit oder ohne Nahtzugabe zugeschnitten werden.

Schnittmuster auflegen und mit Stecknadeln fixieren. Beim Auflegen des Schnittmusters brauchen Sie nicht auf den Fadenlauf zu achten. Wird die Vlieseinlage ohne Nahtzugabe zugeschnitten, entweder das Schnittmuster entlang der Nahtlinie nochmals abpausen und ausschneiden oder vom vorhandenen Schnittmuster die Nahtzugabe abschneiden und dann das entsprechende Teil aus Vlieseinlage zuschneiden.

Tipp: Schneiden Sie Vlieseinlagen etwa 2 mm kleiner zu, so landet beim Aufbügeln ein möglicherweise überstehender Kleberest nicht auf dem Bügelbrett.

VLIESEINLAGE AUFBÜGELN

Normalerweise wird die Vlieseinlage vor dem Nähen auf die entsprechenden Stoffzuschnitte gebügelt. Wird die Vlieseinlage erst später verarbeitet, ist dies in den Anleitungen angegeben. Zum Aufbügeln die Vlieseinlage mit der Klebeseite passgenau auf die linke Stoffseite des entsprechenden Zuschnitts legen und nach Herstelleranleitung aufbügeln.

GEMUSTERTE STOFFE ZUSCHNEIDEN

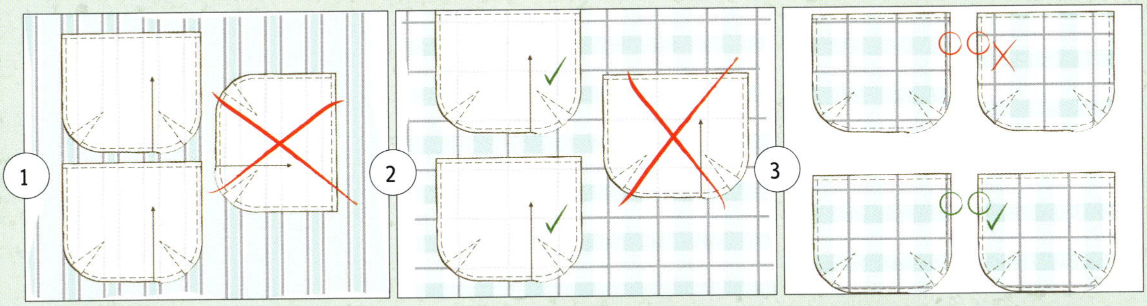

1 Bei Stoffen mit Motiven darauf achten, dass die Schnittmuster richtig herum aufgelegt werden, damit bei der fertigen Tasche die Motive nicht auf dem Kopf stehen. Auch bei asymmetrischen Mustern mit Streifen oder Karos müssen alle Schnittmuster so aufliegen, dass die Fadenlauf-Pfeile in dieselbe Richtung zeigen.

2+3 Bei gestreiften oder karierten Stoffen außerdem darauf achten, dass an den Nähten die Streifen- und Karomuster zweier Schnittteile passgenau aufeinandertreffen, um unschöne Musterversätze zu vermeiden.

Tipp: Verwenden Sie als Näheinsteiger für Ihre ersten Modelle einfarbige Stoffe oder unkomplizierte Muster. Beim Nähen von gemusterten Stoffen können Sie an Ihrer Nähmaschine den Unter- und Obertransport (sofern vorhanden) einschalten, um ein Verschieben der Stofflagen während des Nähens zu verhindern.

NÄHEN

SIEHE SPICKZETTEL

GERADE NAHT NÄHEN

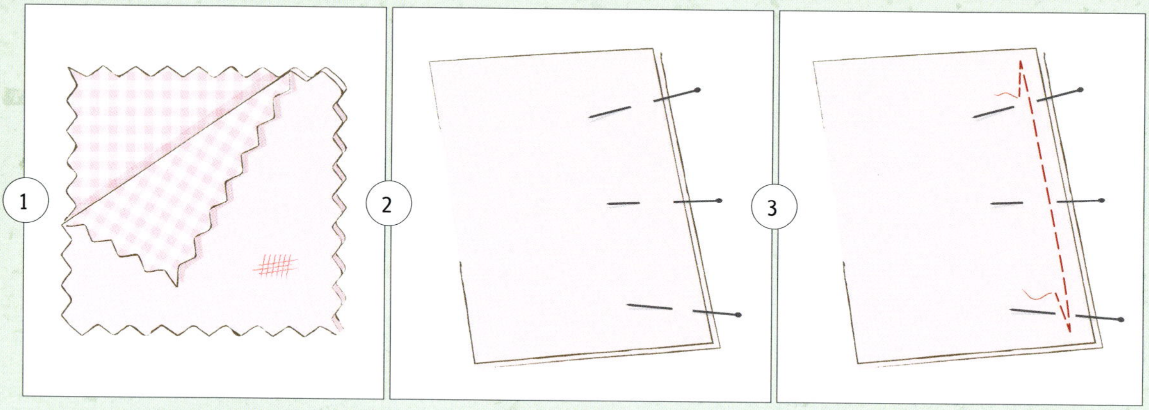

1 Zwei Schnittteile rechts auf rechts aufeinanderlegen, d.h., die schönen Stoffseiten liegen innen. **2** Die Stoffe entlang der Nahtlinie mit Stecknadeln fixieren. Die Stecknadeln rechtwinklig zur späteren Naht stecken, damit Sie darübernähen können. **3** Die Stofflagen mit der Nähmaschine mit geradem Stich (Stichbreite 0 mm, Stichlänge ca. 2,5 mm) entlang der Nahtlinie zusammennähen bzw. absteppen. Anfang und Ende der Naht verriegeln, damit die Naht nicht wieder aufgeht. Dazu am Beginn und am Ende der Naht einige Stiche vor und zurück nähen.

Hinweis: Bei den Schnittmustern in diesem Buch befindet sich die Nahtlinie (gestrichelte Linie im Schnittmuster) in der Regel im Abstand von 1 cm zum Stoffrand der Schnittteile. Dieser Abstand ist die Nahtzugabe, die verhindert, dass die Nähte wieder aufgehen.

LINKS AUF LINKS

Manche Schnittteile werden links auf links zusammengenäht. Dabei liegen die beiden Stofflagen beim Zusammennähen mit der Stoffrückseite zueinander, die schöne Seite liegt also außen.

SIEHE SPICKZETTEL

ECKEN NÄHEN

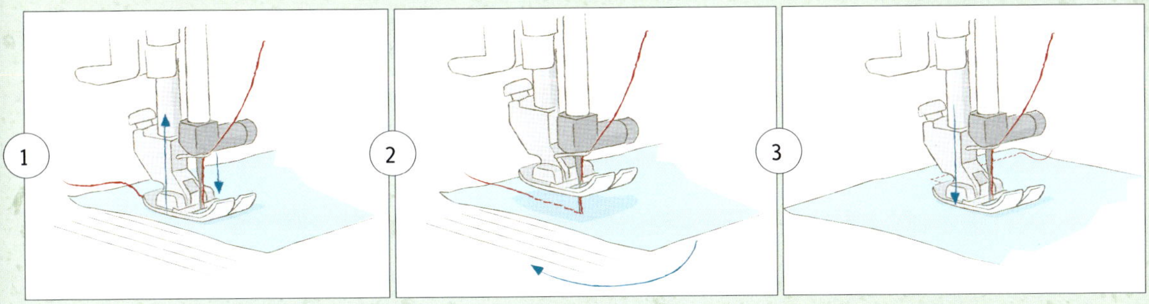

1 Eine gerade Naht bis 1 cm vor Stoffende in die Ecke nähen. Die Nadel in den Stofflagen stecken lassen, ggf. manuell einstechen. **2** Das Nähmaschinenfüßchen anheben und den Stoff um die Ecke drehen. **3** Das Füßchen absenken und die Naht in die neue Richtung fortsetzen.

RUNDUNG NÄHEN

Zum Annähen eines geraden Stoffstücks an eine Rundung den geraden Stoff an der Nahtzugabe mehrere Male knapp einschneiden, um den Bogen legen und mit Stecknadeln fixieren. Dann die beiden Stoffe zusammennähen. Darauf achten, dass die Naht neben den Einschnitten verläuft und die Einschnitte nach dem Wenden nicht sichtbar sind.

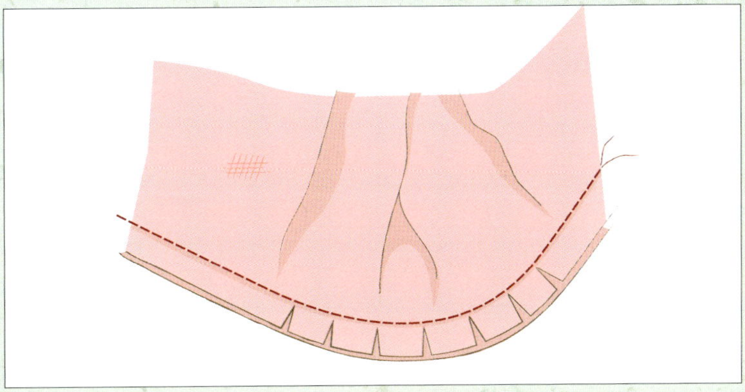

WENDEÖFFNUNG

Um zusammengenähte Stoffteile auf rechts wenden zu können, wird meist eine mehrere Zentimeter lange Wendeöffnung gelassen. Dabei wird die Naht an dieser Stelle unterbrochen. Bei Modellen aus Ober- und Futterstoff die Wendeöffnung im Futterstoff lassen, so ist sie später nicht mehr sichtbar. Wendeöffnungen möglichst in einer geraden Naht lassen.

1 Bis zum Beginn der Wendeöffnung nähen und die Naht verriegeln. **2** Die Naht nach der Wendeöffnung zunächst wieder verriegeln und dann fortsetzen. **3** Zum Wenden (siehe Seite 14) das Nähstück durch die Wendeöffnung auf die rechte Seite stülpen.

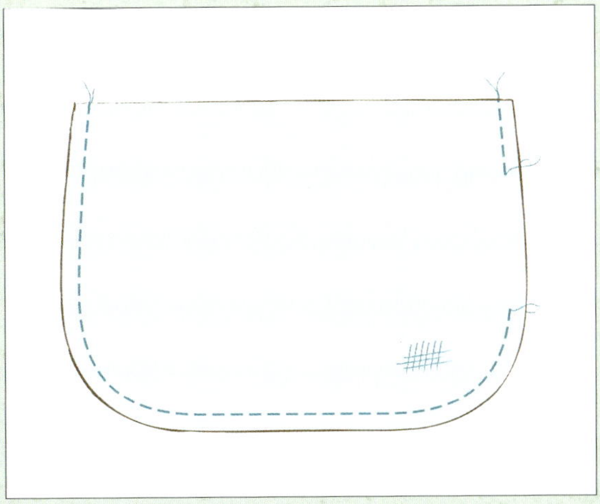

SIEHE SPICKZETTEL

NAHTZUGABEN EINSCHNEIDEN

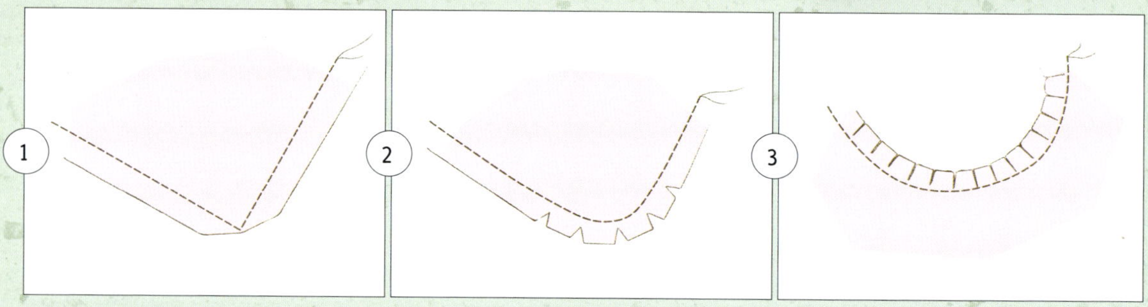

Damit die Nahtzugaben an Ecken und Rundungen nach dem Wenden beim fertigen Nähstück nicht auftragen und einen Wulst bilden, werden sie vor dem Wenden zurück- oder eingeschnitten. Nach dem Wenden die Nähte stets flach bügeln. **1** Die Nahtzugabe an Ecken bis 2 mm vor der Naht schräg abschneiden. **2** Die Nahtzugabe an Außenrundungen mehrmals bis 2 mm vor der Naht v-förmig einschneiden. **3** Die Nahtzugabe an Innenrundungen mehrmals gerade bis 2 mm vor der Naht einschneiden.

VERSÄUBERN

Damit die Nahtzugaben später nicht ausfransen, werden sie versäubert. Dazu entlang der Nahtzugaben die Stoffränder mit Zickzackstich nähen (Stichbreite 4 mm, Stichlänge 2,5 mm). Dabei sticht die Nadel einmal in den Stoff und einmal rechts daneben ins Leere.

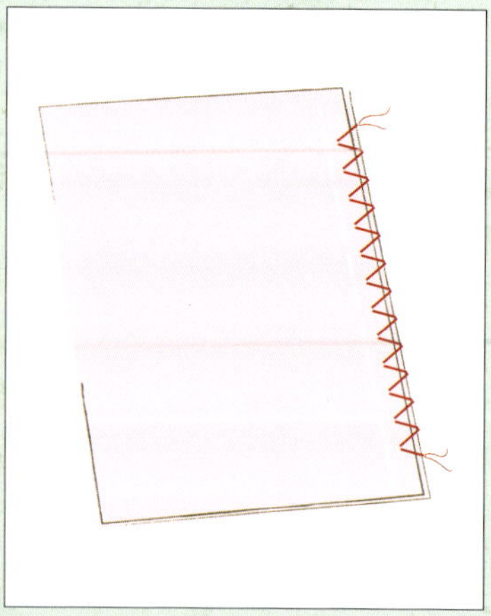

NAHT AUSEINANDERBÜGELN

Die Nahtzugaben der genähten Naht mit dem Finger auseinanderdrücken und die Naht mit dem Bügeleisen flach bügeln. Bei versäuberten Nähten die Nahtzugabe zu einer Seite bügeln.

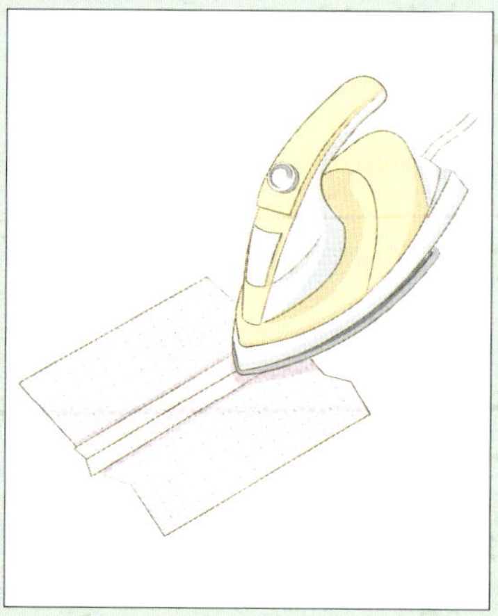

WENDEN

Zwei rechts auf rechts zusammengenähte Stoffteile werden nach dem Nähen gewendet oder verstürzt, damit die rechten Stoffseiten wieder außen liegen. Beim Wenden von Stoffteilen mit Ecken oder Rundungen müssen die Nahtzugaben vor dem Wenden eingeschnitten werden (siehe „Nahtzugaben einschneiden").

BÜGELN

Nach dem Nähen und Wenden werden die Nähte gebügelt, damit die Nähte und Nahtkanten schön glatt liegen. Decken Sie Vlieseinlagen beim Bügeln stets mit einem Tuch ab, um ein Versengen der Einlage zu vermeiden.

SIEHE SPICKZETTEL

WENDEÖFFNUNG SCHLIESSEN

Mit dem Matratzenstich werden Wendeöffnungen (siehe Seite 13) von Hand geschlossen. Dazu Nähgarn auf eine Nähnadel fädeln und das Fadenende verknoten. Von innen am Anfang der Wendeöffnung durch Stoff und Nahtzugabe stechen. Auf der gegenüberliegenden Seite der Wendeöffnung von außen in den Stoff stechen und parallel zur Wendeöffnung wieder herausstechen. Nun wieder auf der gegenüberliegenden Seite einstechen. Bis zum Ende der Nahtöffnung weiternähen, den Faden straff ziehen, vernähen und abschneiden.

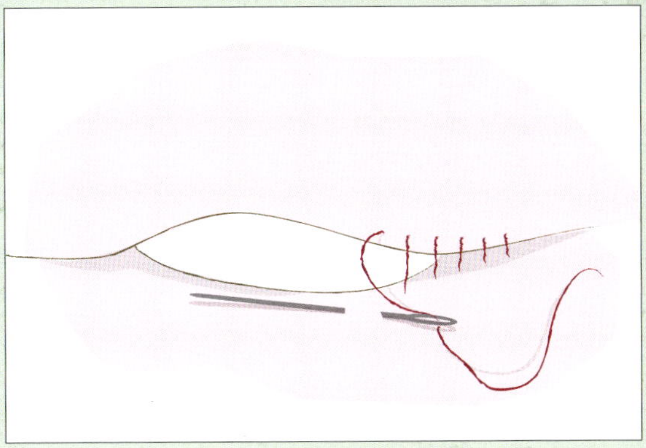

KNAPPKANTIG ABSTEPPEN

Zur Fixierung von mehreren Stofflagen eine Naht mit geradem Stich mit etwa 4 mm Abstand zum Stoffrand nähen.

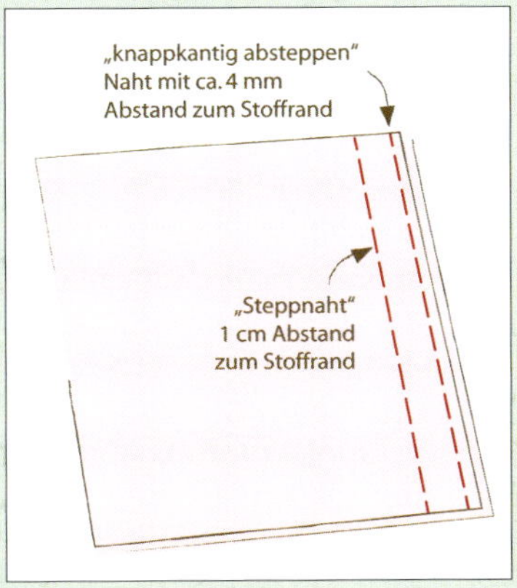

HEFTSTICH

Mit dem Heftstich wird Stoff gerafft. Die Nadel von Hand in den Stoff stechen und 1 cm weiter wieder ausstechen. 1 cm von der Ausstichstelle wieder einstechen und ausstechen.

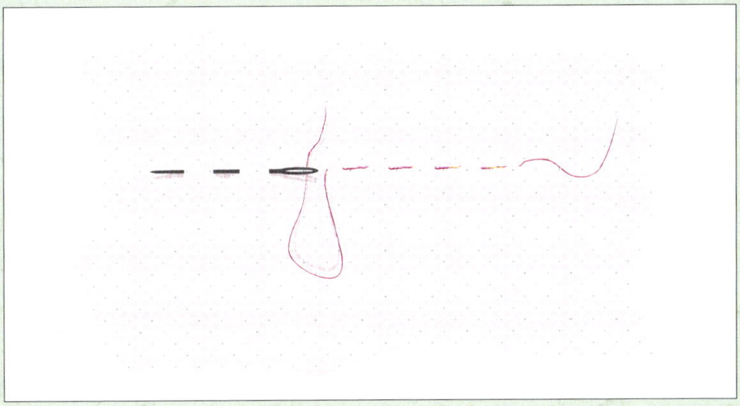

TRÄGER UND HENKEL NÄHEN

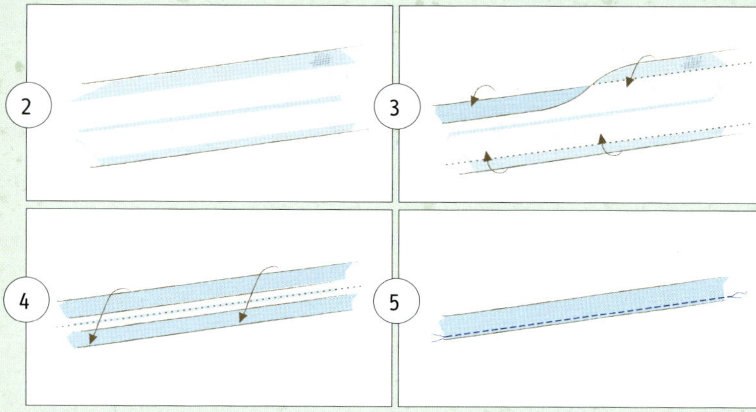

Träger und Henkel gibt es fertig im Handel. Sie können sie jedoch auch ganz einfach selbst nähen. **1** Stoffstreifen in der Länge des Trägers zzgl. 2 cm Nahtzugabe und der dreifachen Breite des fertigen Trägers zurechtschneiden. Zwei Streifen Vlieseinlage (z. B. Vlieseline S 320) in der Länge des Trägers und der Breite des fertigen Trägers zurechtschneiden. **2** Den Stoffstreifen der Länge nach mittig falten, bügeln und wieder aufklappen. Die beiden Streifen Vlieseinlage links und rechts der Mitte mit 2 mm Abstand nebeneinander auf die linke Seite des Stoffstreifens bügeln. An den Seiten stehen die Stoffränder über die Vlieseinlage über. **3** Die Stoffränder (ohne Vliesverstärkung) auf die linke Seite umbügeln. **4** Den Stoffstreifen mittig längs falten und bügeln, die Vlieseinlage liegt innen zwischen den Stofflagen, die rechte Stoffseite außen. **5** Die offenen Kanten des Trägers aufeinanderlegen und knappkantig absteppen. Der Träger kann nun weiterverarbeitet werden.

INNENTASCHEN NÄHEN

Eine einfache Innentasche, die Sie ohne Probleme in fast jede Tasche einnähen können. **1** Zwei Stoffzuschnitte aus Futterstoff in der gewünschten Innentaschenbreite zzgl. 2 cm Nahtzugabe und der gewünschte Innentaschenhöhe zzgl. 2 cm Nahtzugabe zurechtschneiden. **2** Die Zuschnitte für die Innentasche rechts auf rechts legen und rundherum zusammennähen, dabei an einer seitlichen Kante eine Wendeöffnung lassen. **3** Die Tasche auf rechts wenden, die Nahtzugaben an der Wendeöffnung nach innen legen und die Tasche bügeln. **4** Die Tasche an die gewünschte Stelle des Futterstoffs legen, mit Stecknadeln fixieren und an den Seiten und am Boden knappkantig aufnähen, dabei die Wendeöffnung mit schließen. Die oberen Ecken ggf. mit einer doppelten Naht verstärken, damit die Tasche nicht so schnell ausreißt.

SIEHE **SPICKZETTEL**

BODENECKEN NÄHEN

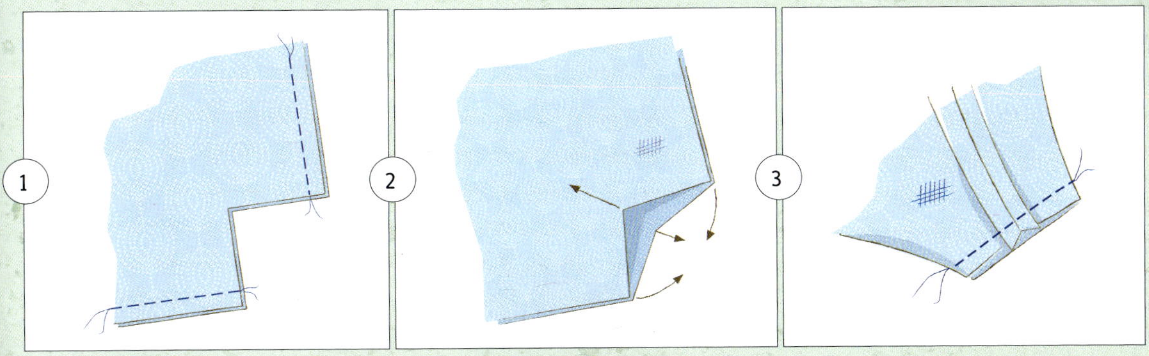

1 Die Boden- und Seitennaht schließen. Die innere Ecke aussparen. **2** Die Stofflagen an der inneren Ecke nach außen ziehen und die Seiten- genau auf die Bodennaht legen. **3** Die offene Naht schließen.

REISSVERSCHLUSS EINNÄHEN

1 Den Reißverschluss mit der Oberseite auf die rechte Stoffseite legen, der Schieber zeigt zum Stoff und die beiden Stoffränder liegen bündig aufeinander. Den oberen Rand – am besten mit einem Reißverschlussfuß – 7 mm vom Rand entfernt absteppen. Den Schieber ggf. nach vorne oder hinten verschieben, damit er nicht im Weg ist. **2** Den Futterstoff rechts auf rechts bündig auf den Oberstoff legen und mit Stecknadeln fixieren, der Reißverschluss liegt zwischen den Stofflagen. Das Nähstück auf die andere Seite drehen, sodass die zuerst genähte Naht sichtbar ist. Diese Naht nochmals nachnähen. Dabei wieder auf den Schieber achten.

MODELLE

EASY PEASY

Kleine Clutch in knalligen Farben

GRÖSSE

21 cm x 13 cm

MATERIAL

- Oberstoff 1: Baumwollstoff in Rosa, 25 cm x 45 cm
- Oberstoff 2: Baumwollstoff in Rot, 15 cm x 25 cm
- Futterstoff: Baumwollstoff in Orange, 25 cm x 45 cm
- Vlieseinlage: Vlieseline G 405, 22 cm x 38 cm
- Kunststoff-Druckverschluss in Orange, ø 1,2 cm
- Knopf in Orange, ø 1,6 cm
- 5 Pailletten, ø 6 mm
- Schnittmusterbogen A

ZUSCHNEIDEN

OBERSTOFF I UND FUTTERSTOFF

- je 1x Schnittteil „Tasche“
- je 1x Schnittteil „Klappe“

OBERSTOFF 2

- 2x Schnittteil „Verschluss“

VLIESEINLAGE

- 1x Schnittteil „Tasche“ ohne Nahtzugabe
- 1x Schnittteil „Klappe“ ohne Nahtzugabe

1 Die Vlieseinlage gemäß Herstellerangaben auf die linke Stoffseite der Zuschnitte aus Oberstoff bügeln.

2 Die Zuschnitte für die Verschlusslasche rechts auf rechts legen und an den beiden langen Seiten und einer kurzen Seite mit geradem Stich zusammennähen. Die Nahtzugabe zurückschneiden, die Lasche auf rechts wenden und flach bügeln.

3 Die Verschlusslasche gemäß Markierung im Schnittmuster rechts auf rechts mit den offenen Kanten an die untere Kante des Taschenzuschnitts aus Oberstoff legen.
Die Lasche entlang der Nahtlinie annähen. Die oberen 4,5 cm werden nicht festgenäht, sie dienen später als Verschlusslasche.

4 Die Klappenzuschnitte rechts auf rechts legen und an den schrägen Seiten und am unteren Rand zusammennähen. Die Nahtzugabe zurückschneiden und auf rechts wenden. Den Rand knappkantig absteppen.

5 Die Taschenzuschnitte gemäß Markierung mittig rechts auf rechts falten und jeweils an den kurzen Seiten zusammennähen. Bei dem Zuschnitt aus Futterstoff eine 6 cm große Wendeöffnung lassen. Die Tasche aus Oberstoff auf rechts wenden.

6 Die Klappe mit der langen Seite an der Oberkante der Tasche aus Oberstoff mit Stecknadeln fixieren. Dabei zeigt die rechte Stoffseite der Klappe zu der Taschenseite, auf der die Verschlusslasche komplett angenäht ist. Die Tasche aus Futterstoff über die Tasche aus Oberstoff stülpen und am oberen Rand mit Stecknadeln fixieren.

7 Die Tasche aus Oberstoff und die Tasche aus Futterstoff an der Oberkante zusammennähen. Anschließend die Tasche durch die Wendeöffnung auf rechts wenden. Die Tasche aus Futterstoff in die Tasche aus Oberstoff schieben, die Klappe steht nach außen. Die Tasche flach bügeln und den oberen Rand nochmals knappkantig absteppen. Die Wendeöffnung mit dem Matratzenstich von Hand schließen. Den Knopf und die Pailletten von Hand annähen.

3

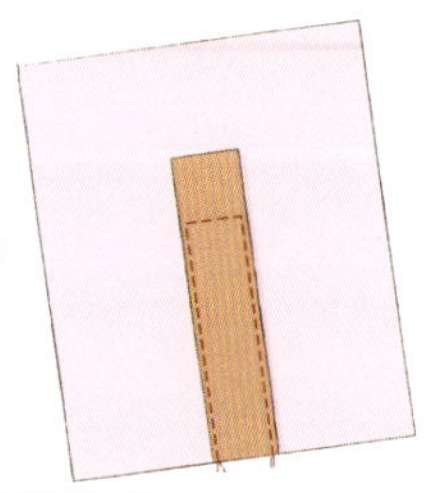

4

5

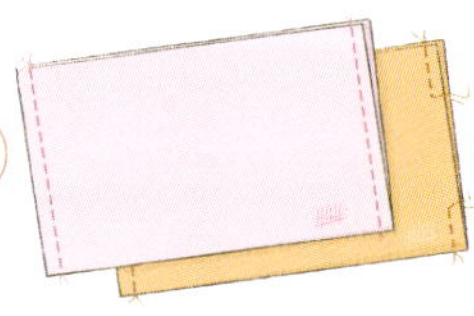

6

SHADES OF GREY

Praktischer Shoppingbegleiter

GRÖSSE

32 cm x 39 cm (ohne Henkel)

MATERIAL

- Oberstoff: Baumwolle in Grau gemustert, 70 cm x 70 cm
- Futterstoff: Baumwolle in Weiß mit Sternen, 70 cm x 70 cm
- Leder in Dunkelbraun, 27 cm x 8 cm
- Vlieseinlage: Vlieseline G 405, 70 cm x 70 cm
- doppelseitiges Klebeband zum Nähen (z. B. Stylefix)
- 2 Druckknöpfe in Rosa, ø 1,2 cm
- Schnittmusterbogen A

ZUSCHNEIDEN

OBERSTOFF

- 2x Schnittteil „Tasche“
- 2x Schnittteil „Henkel“

FUTTERSTOFF

- 2x Schnittteil „Tasche“

LEDER

- 2x Schnittteil „Lederstück“

VLIESEINLAGE

- 2x Schnittteil „Tasche“ mit Nahtzugabe
- 4x Zuschnitte für Henkel, 3 cm x 46 cm

1 Die Vlieseinlage für die Tasche gemäß Herstellerangaben auf die linke Stoffseite der Zuschnitte aus Oberstoff bügeln.

2 Die beiden Henkel nach Grundanleitung (Seite 16) anfertigen und zur Seite legen.

3 Je einen Taschenzuschnitt aus Oberstoff und einen Taschenzuschnitt aus Futterstoff rechts auf rechts legen und an der Oberkante zusammennähen. Die Nähte auseinanderbügeln.

4 Die beiden zusammengenähten Taschenteile rechts auf rechts legen, dabei liegen die beiden Teile aus Oberstoff und die beiden Teile aus Futterstoff jeweils aufeinander. Die vier Seiten zusammennähen, dabei im Futterstoff eine 10 cm lange Wendeöffnung lassen und die inneren Ecken aussparen.

5 An den vier Ecken jeweils die Seitennaht auf die Bodennaht legen und die Abnäher gemäß der Abbildung schließen (siehe Seite 17).

6 Die Tasche auf rechts wenden. Die Tasche aus Futterstoff in die Tasche aus Oberstoff schieben. Die Henkel gemäß Markierung mit Stecknadeln auf der Tasche fixieren. Die Lederstücke mit Klebeband gemäß Markierung auf die Taschenseiten kleben, sodass die Griffenden unter dem Leder verschwinden. Die Lederstreifen knappkantig feststeppen.

7 Die Druckknöpfe gemäß Markierungen anbringen. So erhält die Tasche eine Art Niete und kann durch den Druckknopf geschlossen werden.

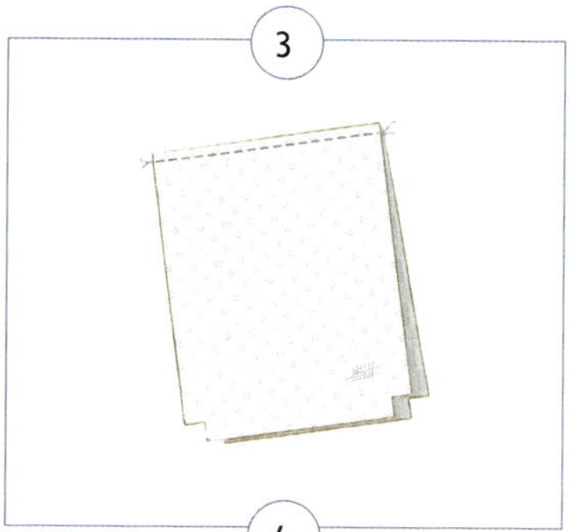

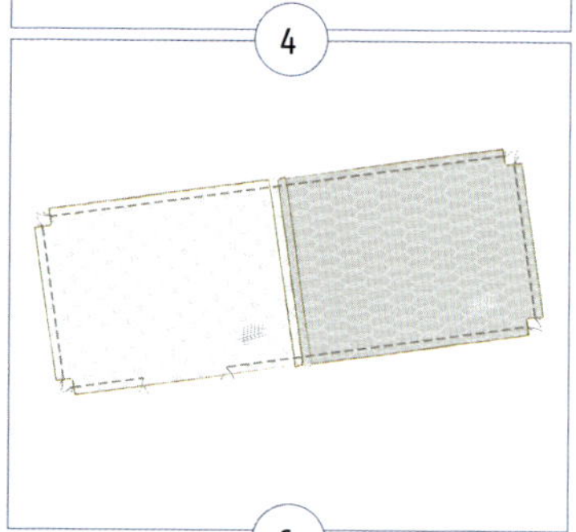

MASSGESCHNEIDERT

Hülle für Laptop, Tablet oder E-Reader

GRÖSSE

je nach Gerätegröße variabel

MATERIAL

- Filz in Grau, Menge entsprechend Gerätegröße (siehe „Schnittmuster“)
- Baumwollstoff in Pink, Rest
- Gummiband in Pink, Breite des Geräts + 5 cm
- Stoffmalfarbe in Champagner Glitter
- Pinsel
- Vliesofix, Rest
- Papier für das Schnittmuster (z. B. Packpapier)
- Schnittmuster „Hülle“ (siehe Anleitung rechts)
- Schnittmuster „Pfeil“ (siehe Schnittmusterbogen A)

ZUSCHNEIDEN

FILZ

- 1x Schnittteil „Tasche“

BAUMWOLLSTOFF

- 1x Schnittteil „Pfeil klein“ oder „Pfeil groß“

SCHNITTMUSTER

1

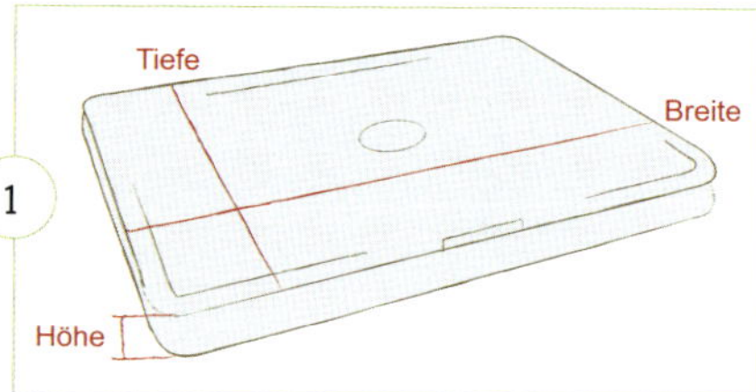

1 Höhe, Breite und Tiefe des Geräts messen.

2 Das Schnittmuster mit den entsprechenden Maßen gemäß Zeichnung auf Papier aufzeichnen. Dabei bei der Breite des Schnittteils je 2x 0,5 cm Nahtzugabe sowie je 1x 1 cm Weitenzugabe mit einrechnen. Im mittleren Bereich (der späteren Rückseite) eine Markierung für das Gummiband einzeichnen. Die Verschlussklappe an beiden Seiten um je 7 mm verjüngen, die Ecken der Klappe abrunden.

2

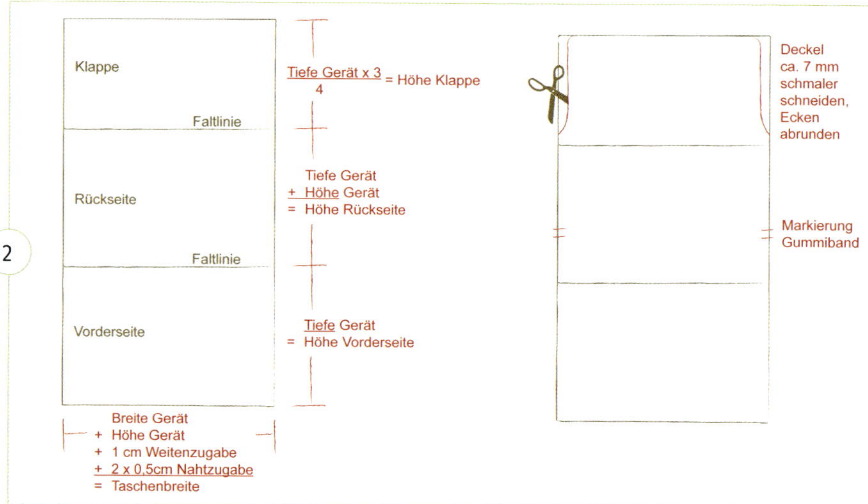

1 Die Stoffmalfarbe großzügig auf den pinkfarbenen Stoff auftragen, gut trocknen lassen und nach Herstellerangaben fixieren.

2 Auf der Rückseite des Baumwollstoffs Vliesofix aufbügeln. Den Pfeil auf die Trägerfolie des Vliesofix übertragen. Die einzelnen Teile des Pfeils ausschneiden. Die Trägerfolie lösen, die Teile auf der Oberseite der Klappe als Pfeil anordnen und nach Herstelleranleitung festbügeln. Die Ränder der einzelnen Teile des Pfeils knappkantig absteppen.

3 Das Vorderteil entlang der Faltlinie nach oben klappen und mit Stecknadeln fixieren. An der Markierung ein Ende des Gummibands zwischen die Filzlagen schieben und zur Taschenseite umknicken. Den Rand mit 0,5 cm Nahtzugabe absteppen.

4 Das Gummiband leicht dehnen und das Ende auf der anderen Seite zwischen die Filzlagen schieben. Die zweite Seitennaht schließen.

2

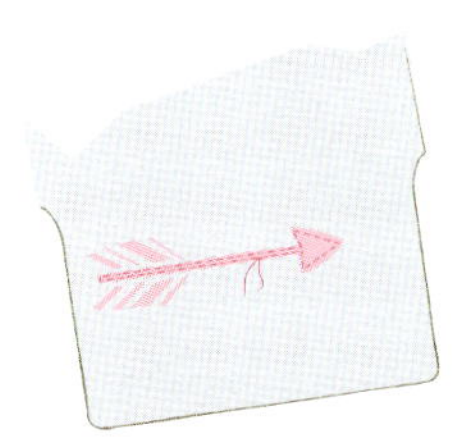

3

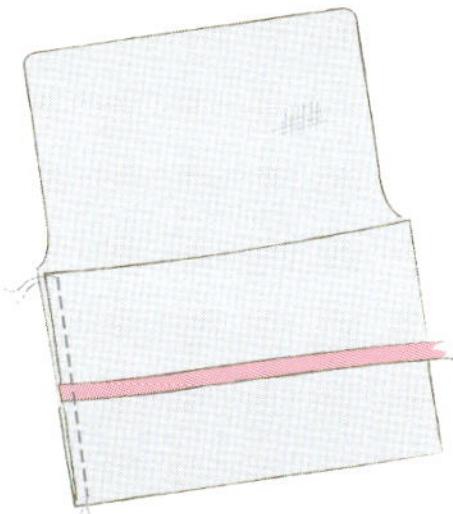

4

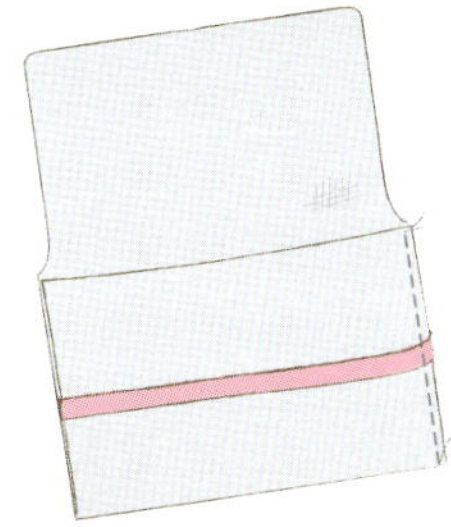

FÜR KLEINES GELD

Portemonnaie mit Kartenfach

GRÖSSE

10 cm x 7 cm

MATERIAL

- Oberstoff: Baumwollstoff in Grau, 30 cm x 25 cm
- Futterstoff: Baumwollstoff in Mint-Weiß gemustert, 30 cm x 35 cm
- Vlieseinlage: S 320, 11 cm x 19 cm
- Druckknopf (z. B. Kam Snap) in Mint, ø 1,2 cm
- Schnittmusterbogen A

ZUSCHNEIDEN

OBERSTOFF

- 1x Schnittteil „Tasche“
- 2x Schnittteil „Flügel“ (1x normal, 1x spiegelverkehrt)

FUTTERSTOFF

- 1x Schnittteil „Tasche“
- 2x Schnittteil „Flügel“ (1x normal, 1x spiegelverkehrt)
- 1x Schnittteil „Kartenfach“

VLIESEINLAGE

- 1x Schnittteil „Tasche“ ohne Nahtzugabe

1 Die Vlieseinlage gemäß Herstellerangaben auf die linke Stoffseite des Zuschnitts aus Oberstoff bügeln.

2 Den Zuschnitt für das Kartenfach an der gestrichelten Linie rechts auf rechts falten und an der oberen, gebogenen Kante absteppen. Die Tasche auf rechts wenden, flach bügeln und die obere Kante nochmals knappkantig absteppen.

3 Das Kartenfach gemäß Markierung rechts auf rechts auf den Taschenzuschnitt aus Futterstoff legen und den unteren Rand des Kartenfachs feststeppen.

4 Für die Flügel jeweils einen Zuschnitt aus Futterstoff und einen Zuschnitt aus Oberstoff rechts auf rechts legen und an der M-förmigen Linie zusammennähen. Die Ecken der Nahtzugabe zurückschneiden, auf rechts wenden und flach bügeln.

5 Die beiden Flügel gemäß Markierungen mit der Futterseite auf die rechte Seite des Taschenzuschnitts legen und die Ränder knappkantig absteppen. Anschließend den Taschenzuschnitt aus Oberstoff rechts auf rechts auf das Teil aus Futterstoff legen und an den Rändern rundherum zusammennähen, dabei eine 6 cm lange Wendeöffnung lassen.

6 Die Nahtzugabe an den Ecken schräg abschneiden, dann die Tasche auf rechts wenden, die Nahtzugabe an der Wendeöffnung sauber nach innen legen. Die beiden Flügel zur späteren Innenseite der Tasche bügeln und die Ränder rundherum knappkantig absteppen.

7 Die Tasche so legen, dass die spätere Außenseite des Portemonnaies innen liegt, und die beiden äußeren Ränder der Flügel knappkantig absteppen.

8 Das Portemonnaie umstülpen, die Flügel flach nach innen legen und den Druckknopf gemäß Markierung befestigen.

3

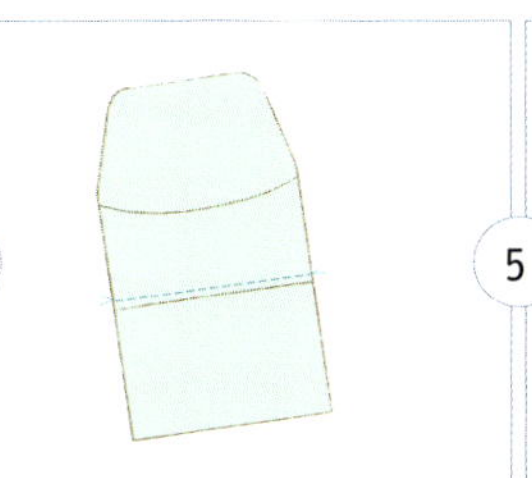

5

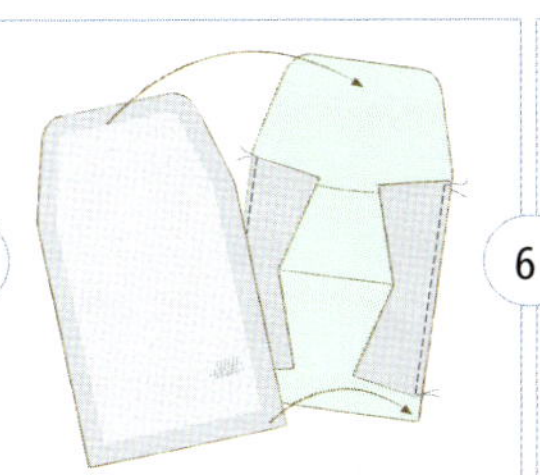

6

7

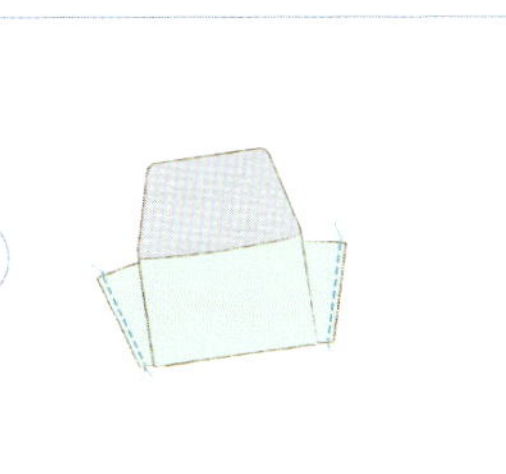

RETRO-CHIC

Rucksack mit Kordelzug

GRÖSSE

33 cm x 42 cm

MATERIAL

- Oberstoff 1: Baumwollstoff in Dunkelblau gemustert, 100 cm x 50 cm
- Futterstoff: Baumwollstoff in Rosa, 100 cm x 50 cm
- Leder in Rosa, 10 cm x 15 cm
- 2 Ösen, ø 12 mm
- Kordel in Dunkelblau, ø 5 mm, 3,5 m lang
- doppelseitiges Klebeband zum Nähen (z. B. Stylefix)
- Schnittmusterbogen B

ZUSCHNEIDEN

OBERSTOFF UND FUTTERSTOFF

- je 2x Schnittteil „Tasche“
- je 1x Schnittteil „Verschlusslasche“

FUTTERSTOFF

- 2x Schnittteil „Tunnelzug“

LEDER

- 2x Schnittteil „Ösenverstärkung“

1 Die Lederzuschnitte gemäß Markierung im Schnittmuster mit Stylefix an den unteren Ecken auf der rechten Stoffseite eines Taschenzuschnitts aus Oberstoff festkleben und an den Rändern knappkantig feststeppen.

2 Für den Tunnelzug die kurzen Enden der Stoffstreifen zweimal 0,5 cm nach links einschlagen und absteppen. Die Länge der beiden Stoffstreifen beträgt nun 32,5 cm. Die Streifen der Länge nach links auf links bügeln.

3 Die beiden Zuschnitte der Verschlusslasche rechts auf rechts legen und am gebogenen Rand absteppen. Die Nahtzugabe einschneiden. Auf rechts wenden und den genähten Rand knappkantig absteppen.

4 Ein Taschenteil aus Futterstoff mit der rechten Stoffseite nach oben legen. Darauf mittig die Verschlusslasche legen, die Stoffseite aus Oberstoff zeigt nach oben. Darauf einen Schlauch für den Tunnelzug legen. Die offenen Kanten von Futterstoff, Verschluss und Tunnelzug liegen aufeinander. Darauf den Taschenzuschnitt aus Oberstoff ohne Leder legen und alle Lagen am oberen Rand zusammennähen. Die Naht auseinanderbügeln. Nach demselben Prinzip die beiden anderen Taschenzuschnitte und den Tunnelzug (ohne Verschlusslasche) zusammennähen.

5 Die Taschenteile so legen, dass der Tunnelzug in der Mitte liegt und jeweils die Teile aus Oberstoff und die Teile aus Futterstoff rechts auf rechts aufeinanderliegen. Die Seiten- und die Bodennähte schließen, dabei eine Wendeöffnung lassen. Beim Nähen darauf achten, dass der Tunnelzug an den beiden Enden nicht mit festgenäht wird. Die Tasche wenden, die Wendeöffnung von Hand schließen und das Futter in die Tasche schieben. Die Tasche bügeln.

6 Die Ösen nach Herstellerangabe gemäß Markierung in den Ledereecken durch alle Stofflagen einschlagen. Die Kordel halbieren und jeweils ein Kordelstück gegenläufig zum anderen durch beide Tunnelzüge fädeln. Die Enden auf je einer Seite durch eine Öse ziehen und verknoten. Die Druckknöpfe gemäß Markierungen auf der Verschlusslasche und der Vorderseite der Tasche befestigen.

Anstatt eines Taschenstoffs, der bereits eine Vlieseinlage hat, können Sie alternativ auch einen Baumwollstoff verwenden, müssen ihn dann aber mit Vlieseinlage (z. B. S 640 und S 320 oder S 520) verstärken. Die Vlieseinlagen mit Nahtzugabe zuschneiden und vor dem Nähen aufbügeln.

TIPP

BUSINESS-STYLE

Elegante Bucket in edlem Grau

GRÖSSE

32 cm x 30 cm x 12 cm

MATERIAL

- Oberstoff: gefütterter Taschenstoff in Grau, 80 cm x 70 cm
- Futterstoff: Baumwollstoff in Grau, 80 cm x 70 cm
- Vlieseinlage: Vlieseline S 320, 70 cm x 30 cm
- 2 Taschengriffe mit Schnallen aus Lederimitat in Schwarz, je 65 cm lang
- 3 Druckknöpfe (z. B. Kam Snap) in Grau, ø 1,2 cm
- Schnittmusterbogen B

ZUSCHNEIDEN

OBERSTOFF

- 2x Schnittteil „Vorder- und Rückseite"
- 2x Schnittteil „Seiten"

FUTTERSTOFF

- 2x Schnittteil „Vorder- und Rückseite"
- 2x Schnittteil „Seiten"
- 2x Schnittteil „Verschluss"

VLIESEINLAGE

- 2x Schnittteil „Vorder- und Rückseite" ohne Nahtzugabe

1 Die Vlieseinlage gemäß Herstellerangaben auf die linke Stoffseite der Zuschnitte aus Futterstoff bügeln.

2 Die beiden Zuschnitte für die Verschlüsse jeweils längs rechts auf rechts falten. Die lange und eine kurze Seite absteppen. Auf rechts wenden und die genähten Ränder knappkantig absteppen.

3 Die beiden Zuschnitte für die Seiten aus Oberstoff rechts auf rechts legen und an der unteren Kante zusammennähen. Die Naht auseinanderbügeln.

4 Das Seitenteil aus Oberstoff rechts auf rechts an Vorder- und Rückseite aus Oberstoff nähen. Dazu zunächst die Nahtzugabe zwischen den Markierungsdreiecken 1 und 2 einige Millimeter einschneiden und die Markierungsdreiecke der Seitenteile rechts auf rechts genau auf die entsprechenden Markierungen von Vorder- und Rückseite stecken. Erst dann festnähen. Anschließend die Innentasche aus Futterstoff genauso arbeiten, dabei an einer der geraden Seiten eine 12 cm große Wendeöffnung lassen. Die Tasche aus Futterstoff auf rechts wenden, die Tasche aus Oberstoff bleibt auf links.

5 Die Verschlüsse mittig auf die rechte Stoffseite des Futterstoffs (gemäß Markierung) stecken und mit Stecknadeln fixieren, die offenen Kanten der Stoffe liegen aufeinander. Die Tasche aus Oberstoff in die Tasche aus Futterstoff schieben, die obere Kante mit Stecknadeln fixieren und absteppen. Das Teil auf rechts wenden, die Futterstofftasche in die Oberstofftasche schieben und den oberen Rand knappkantig absteppen. Die Wendeöffnung von Hnd schließen. Die Tasche durch Bügeln in die fertige Form bringen, dabei die Mitte der Seitenteile gemäß Markierung zur Taschenmitte legen und vorsichtig bügeln.

6 An den Enden der Verschlüsse zwei Druckknöpfe anbringen, so kann die Tasche in zwei verschiedenen Weiten geschlossen werden. Die Griffe am oberen Rand von Vorder- und Rückseite festnähen. Mittig an der Oberkante einen Druckknopf an Vorder- und Rückseite anbringen.

4

5

6

OH
YEAH!

STRIPES AND FLOWERS

Schultertasche mit Zugverschluss

GRÖSSE

32 cm x 32 cm x 14 cm (ohne Henkel)

MATERIAL

- Oberstoff: Baumwollstoff in Gelb mit Streifen, 110 cm x 80 cm
- Futterstoff: Baumwollstoff in Gelb mit Blumen, 110 cm x 130 cm
- Vlieseinlage: Vlieseline G 405, 120 cm x 70 cm
- Aufnäher im Lederlook, 4,5 cm x 6,5 cm
- Schrägband in Gelb, 2,20 m
- Schnittmusterbogen A

HINWEIS

Eigentlich sind die Streifen auf dem gezeigten Stoff senkrecht. Um den diagonalen Effekt zu erzielen, wurde das Schnittmuster um 45° gedreht. Der Stoffverbrauch erhöht sich dadurch auf 130 cm x 80 cm.

ZUSCHNEIDEN

OBERSTOFF

- 2x Schnittteil „Tasche" im Stoffbruch

FUTTERSTOFF

- 2x Schnittteil „Tasche" im Stoffbruch
- 2x Schnittteil „Verschluss" im Stoffbruch

VLIESEINLAGE

- 2x Schnittteil „Tasche" im Stoffbruch mit Nahtzugabe

1 Die Vlieseinlage gemäß Herstellerangaben auf die linke Stoffseite der Zuschnitte aus Oberstoff bügeln.

2 Für den Tunnelzug an den Verschlussteilen die unteren der Seitenränder auf einer Länge von 4,5 cm gemäß Markierung im Schnittmuster zweimal 0,5 cm zur linken Stoffseite bügeln und knappkantig absteppen.

3 Den unteren waagerechten Rand der Verschlussteile zunächst 0,5 cm, dann 1,5 cm zur linken Stoffseite bügeln und ebenfalls knappkantig absteppen.

4 Die Zuschnitte für den Verschluss rechts auf rechts legen und die seitlichen geraden Kanten bis oberhalb des Tunnelzugs zusammennähen, den Tunnelzug offen lassen. Die Nähte auseinanderbügeln.

2

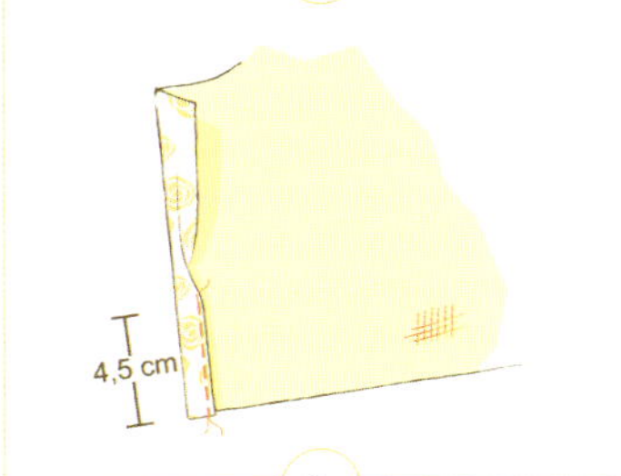

3

4

TIPP Die Tasche ist mit der weichen Vlieseinlage eher ein Beutel. Für eine Tasche mit mehr Stand verwenden Sie anstelle der Vlieseinlage G 405 die S 320.

weiter auf Seite 34 →

5a

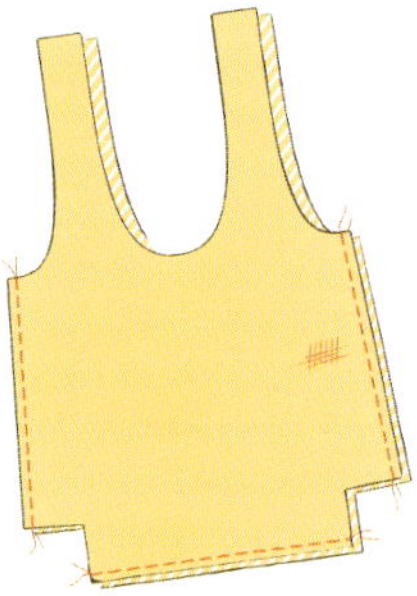

5b

6

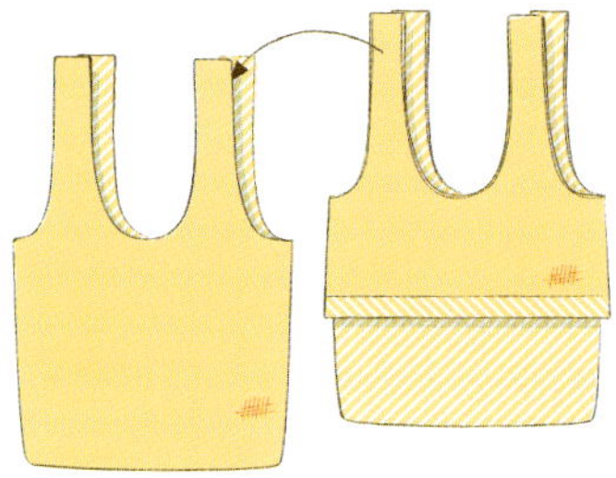

7

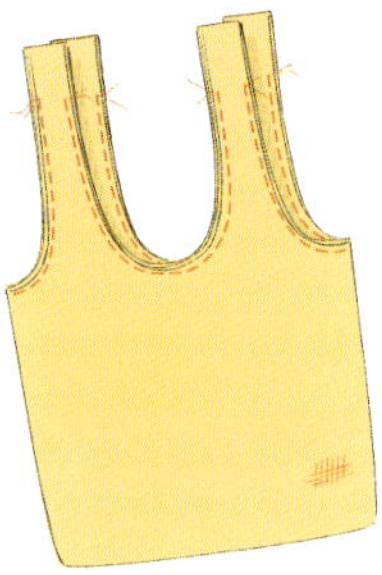

8

9

10

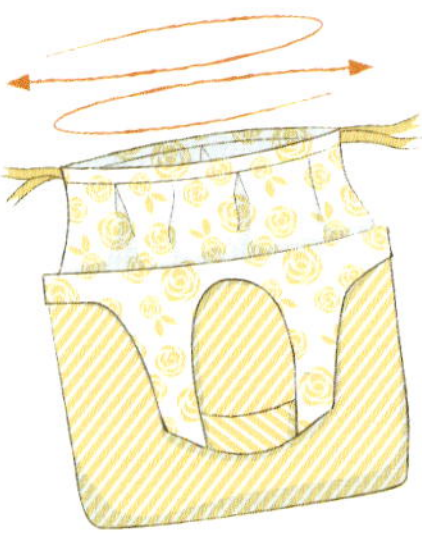

5 Die Taschenteile aus Oberstoff rechts auf rechts legen und an den Seiten und am Boden zusammennähen, dabei die unteren Ecken offen lassen. An den Ecken jeweils die Seitennaht auf die Bodennaht legen und die Kante gemäß Abbildung zusammennähen (siehe Seite 17). Die Tasche aus Futterstoff genauso nähen, dabei an einer Seite eine 10 cm lange Wendeöffnung lassen. Die Tasche aus Oberstoff auf rechts wenden.

6 Die Verschlussteile über die Tasche aus Oberstoff stülpen – die rechten Stoffseiten zeigen zueinander – und mit Stecknadeln fixieren. Diese beiden Lagen werden im weiteren Verlauf der Anleitung wie eine Stofflage behandelt. Anschließend beides in die auf links liegende Tasche aus Futterstoff schieben und alle drei Stofflagen mit Stecknadeln fixieren.

7 Die Träger an den gebogenen Kanten zusammennähen, dabei die oberen 3,5 cm jedes Trägers offen lassen. Dann die Tasche durch die Wendeöffnung auf rechts wenden.

8 Nun die Träger zusammennähen. Dazu die Trägerenden aus Oberstoff rechts auf rechts legen und an der kurzen Kante zusammennähen, darum die Nahtzugaben auseinanderbügeln. Die Trägerenden aus Futterstoff genauso zusammennähen. Mit dem zweiten Träger genauso verfahren.

9 Bei beiden Trägern die Nahtzugabe an den Längsseiten nach innen legen, Ober- und Futterstoff aufeinanderlegen und flach bügeln. Alle Ränder an den Trägern absteppen (3 Nähte). Zum Schluss die Wendeöffnung schließen.

10 Das Schrägband mittig falten und der Länge nach zusammennähen, dann in zwei gleich lange Stücke teilen. Beide Teile gegenläufig durch beide Tunnelzüge fädeln. Die Schrägbandenden verknoten.

11 Den Aufnäher mittig auf das vordere Taschenteil nähen, dabei den Verschlussstoff nicht mitnähen.

COOLER MUSTERMIX

Shopper mit Seitentaschen

GRÖSSE

32 cm x 29 cm x 12 cm (ohne Henkel)

MATERIAL

- Oberstoff: Baumwollstoff in Blau-Weiß gemustert, 100 cm x 70 cm
- Futterstoff: Baumwollstoff in Grau mit Sternen, 100 cm x 45 cm
- Gurtband in Blau, 3,2 cm breit, 70 cm lang
- Vlieseinlage: Vlieseline S 320, 100 cm x 45 cm
- 2 Druckknöpfe (z. B. Kam Snaps) in Blau, ø 1,2 cm
- Schnittmusterbogen B

ZUSCHNEIDEN

OBERSTOFF

- 2x Schnittteil „Seiten“
- 2x Schnittteil „Tasche“
- 4x Schnittteil „Verschluss“

FUTTERSTOFF

- 2x Schnittteil „Seiten“

VLIESEINLAGE

- 2x Schnittteil „Seiten“ (mit Nahtzugabe für zusätzlichen Halt)

1 Vor dem Nähen die Vlieseinlage gemäß Herstellerangaben auf die linken Stoffseiten der Zuschnitte aus Oberstoff bügeln.

2 Je zwei Zuschnitte für die Verschlüsse rechts auf rechts legen und an der gebogenen Kante zusammennähen. Die Nahtzugaben einschneiden, die Verschlüsse auf rechts wenden und die genähten Ränder knappkantig absteppen.

3 Die beiden Zuschnitte für die aufgesetzte Tasche rechts auf rechts legen und an der oberen Kante zusammennähen. Die Nahtzugabe einschneiden das Teil auf rechts wenden und die Oberkante knappkantig absteppen.

2

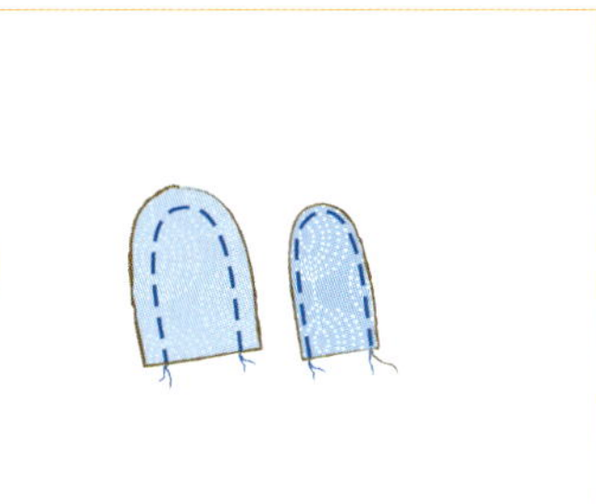

3

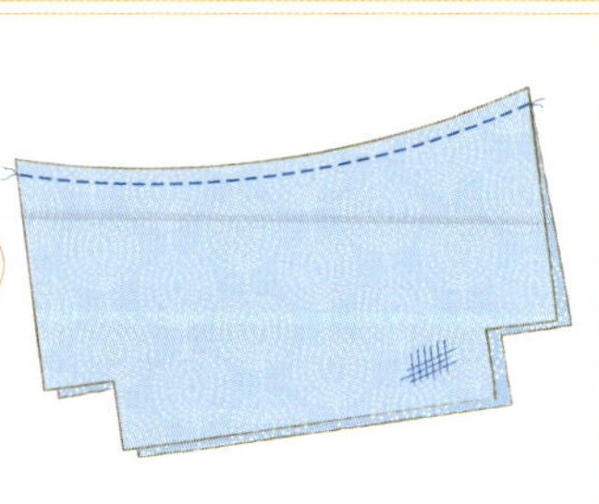

weiter auf Seite 38 →

4

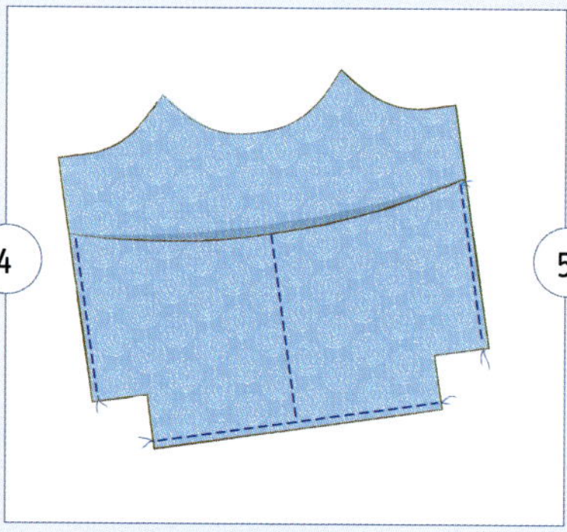

5

6

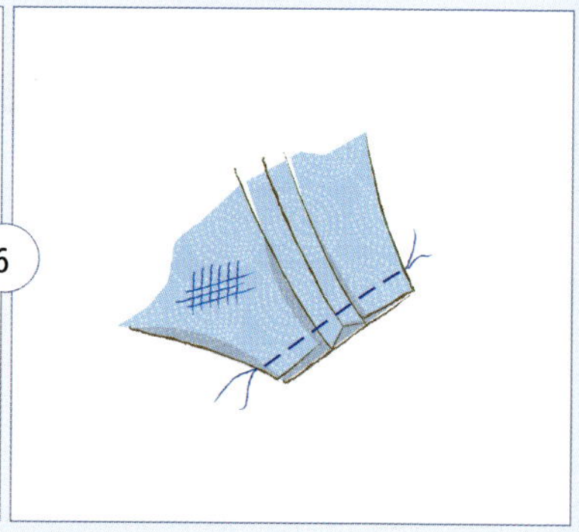

4 Das Taschenteil rechts auf rechts auf ein Seitenteil legen und die beiden Seiten und den Boden knappkantig absteppen, dabei die inneren Ecken aussparen. In der Mitte der aufgesetzten Tasche eine senkrechte Naht setzen. Sie unterteilt die Tasche in zwei kleine Taschen.

5 Die beiden Zuschnitte für die Tasche aus Oberstoff rechts auf rechts legen und die Seitennähte sowie die Bodennaht schließen, dabei die unteren Ecken nicht zusammennähen. Die Tasche aus Futterstoff genauso nähen, dabei auf einer Seite eine 10 cm lange Wendeöffnung lassen.

6 Bei Außen- und Futtertasche an den zwei unteren Ecken jeweils die Seitennaht auf die Bodennaht legen und die Abnäher gemäß Abbildung arbeiten (siehe Seite 17).

7 Die Tasche aus Oberstoff auf rechts wenden. Die Verschlüsse an beiden Taschenseiten gemäß Markierung mit Stecknadeln fixieren, dabei zeigt der gebogene Rand nach unten. Das Gurtband für die Griffe in zwei 35 cm lange Stücke teilen. Ein Ende der Bänder jeweils mit Stecknadeln gemäß Markierung an der Tasche aus Oberstoff befestigen, dabei liegen die offenen Kanten von Stoff und Webband aufeinander. Das zweite Ende des Trägers bleibt zunächst hängen. Die Tasche aus Futterstoff auf links über die Tasche aus Oberstoff stülpen, sodass die rechten Stoffseiten zueinander zeigen. Mit Stecknadeln fixieren. Die beiden Enden des Gurtbands liegen nun zwischen Oberstoff und Futterstoff.

8 Den oberen Rand mit einer Naht schließen. Dabei die beiden Abschnitte aussparen, an denen später das zweite Ende des Gurtbandes befestigt wird. Die Öffnungen liegen nun gegenüber der Stelle, an der das Gurtband auf der anderen Seite bereits befestigt ist.

9 Die Nahtzugabe einschneiden und die Tasche auf rechts wenden. An den beiden Öffnungen am oberen Rand die Nahtzugabe vorsichtig nach innen umklappen und den gesamten oberen Rand flach bügeln. Dann die beiden Enden des Gurtbands in diese Öffnungen schieben, bis die gewünschte Henkellänge erreicht ist. Mit Stecknadeln fixieren und den oberen Rand nochmals knappkantig absteppen. Die Wendeöffnung von Hand schließen.

7

8

9+10

10 An den Verschlüssen die Druckknöpfe befestigen. Für einen besseren Griff die Henkel in der Mittel verdoppeln. Dazu die mittleren 12 cm der Henkel der Länge nach mittig falten und an den Kanten zusammennähen.

DSCHUNGELFIEBER

Drawstring im Tigermuster

●●●

GRÖSSE

34 cm x 33 cm x 17 cm (ohne Henkel)

MATERIAL

- Oberstoff 1: Baumwollstoff mit Tigermuster, 50 cm x 80 cm (zum Stoffverbrauch siehe Tipp)
- Oberstoff 2: Baumwollstoff in Rot, 70 cm x 70 cm
- Futterstoff: Baumwollstoff in Hellrot, 100 cm x 65 cm
- Vlieseinlage 1: Vlieseline S 320, 100 cm x 60 cm
- 12 Metallösen, ø 8 mm
- Träger aus Lederimitat in Senfgelb, 120 cm lang
- Schnittmusterbogen B

ZUSCHNEIDEN

OBERSTOFF 1

- 2x Schnittteil „Body“

OBERSTOFF 2

- 2x Schnittteil „Verstärkung Ösenband“
- 1x Schnittteil „Boden“
- 4x Schnittteil „Verstärkung unterer Rand“
- 2x Schnittteil „Verstärkung Seite“

FUTTERSTOFF

- 2x Schnittteil „Body“
- 1x Schnittteil „Boden“
- 1x Zuschnitt für Zugband, 4 cm x 100 cm

VLIESEINLAGE

- 2x Schnittteil „Body“ (mit Nahtzugabe)
- 2x Schnittteil „Boden“ (mit Nahtzugabe)

1 Die Vlieseinlage gemäß Herstellerangaben auf die linke Stoffseite der Zuschnitte aus Oberstoff 1 bzw. 2 bügeln.

2 Je zwei Schnittteile der Verstärkung für den unteren Rand rechts auf rechts legen und am gebogenen Rand zusammennähen. Die Nahtzugabe einschneiden (siehe Grundanleitung) und auf rechts wenden.

3 Die beiden Zuschnitte für die Ösenverstärkung der Länge nach mittig falten, sodass die linke Stoffseite innen liegt, und flach bügeln. Jeweils eine Verstärkung für den unteren Rand und eine Ösenverstärkung gemäß Markierung auf eine rechte Stoffseite des Taschenbodys legen. Die offenen Stoffkanten liegen dabei übereinander, die Stofffalte bzw. der zusammengenähte Rand zeigt zur Taschenmitte. Dann beides knappkantig gemäß Abbildung absteppen. Zusätzlich den oberen und unteren Rand knappkantig absteppen, so kann beim weiteren Verarbeiten nichts verrutschen.

4 Die beiden Zuschnitte für den Taschenbody rechts auf rechts legen und an den Seiten zusammennähen. Die Nähte auseinanderbügeln.

5 Bei den Schnittteilen zur Verstärkung der Seiten an den langen Kanten die Nahtzugabe auf die linke Stoffseite bügeln. Die Schnittteile auf die Seitennähte der Tasche legen, mit Stecknadeln fixieren und an den langen Seiten knappkantig aufsteppen.

2
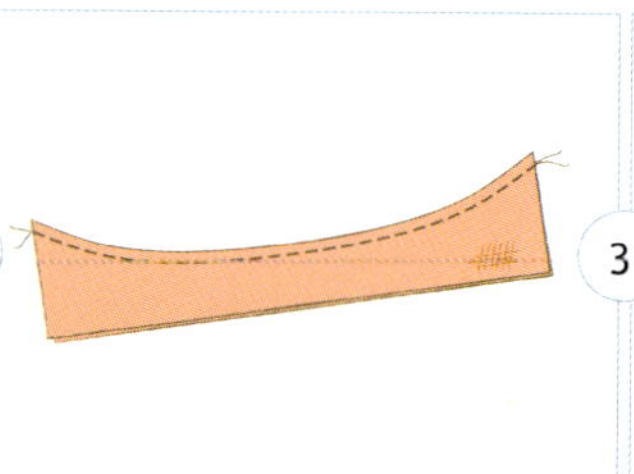

3
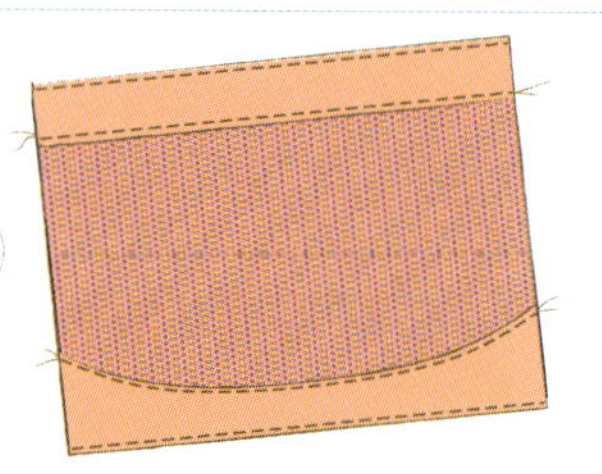

4
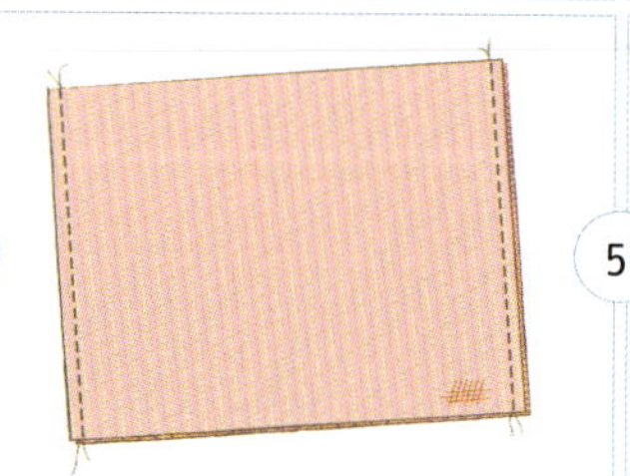

5
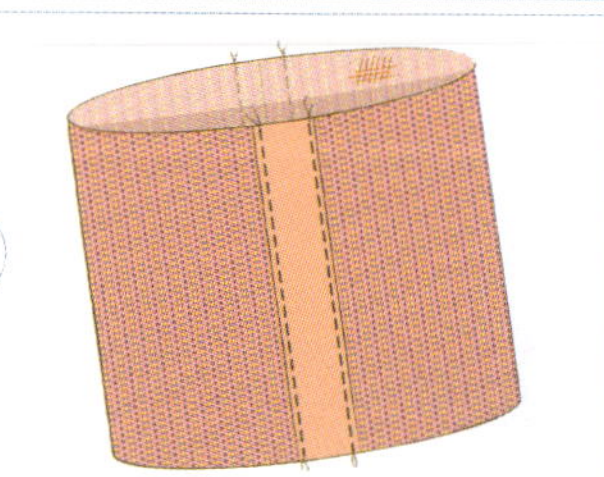

weiter auf Seite 42 →

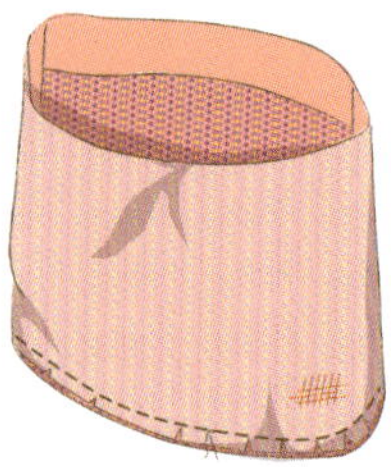

6

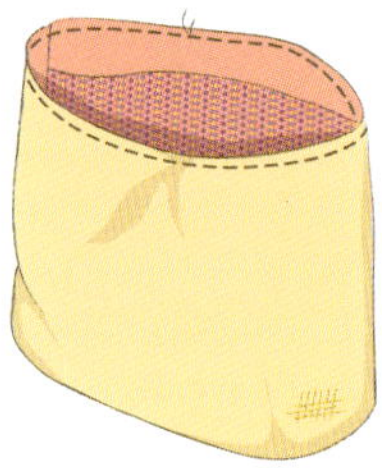

7

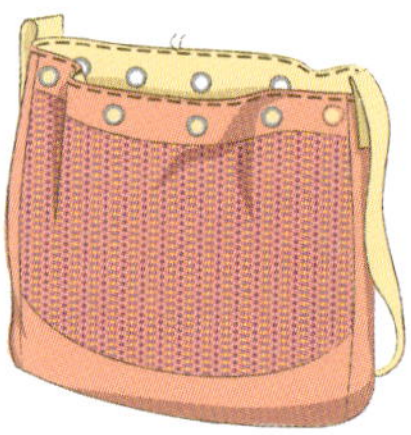

8

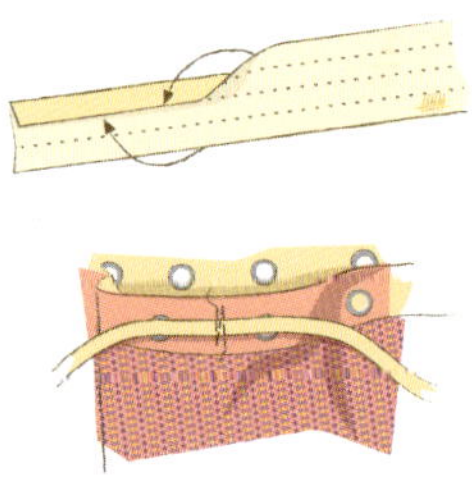

9+10

6 Nun wird der Taschenbody an den Taschenboden genäht. Dazu die Nahtzugabe am unteren Rand des Taschenbodys mehrmals 7 mm einschneiden. Den Taschenbody mit Stecknadeln rechts auf rechts am Taschenboden befestigen. Darauf achten, dass die Pfeilmarkierungen an den beiden Teilen aufeinandertreffen, und die Teile dort zuerst feststecken. Anschließend die Stofflagen dazwischen gleichmäßig mit Nadeln fixieren. Body und Boden zusammennähen.

7 Eine Tasche aus Futterstoff wie in Schritt 4 und 6 beschrieben nähen (ohne Verstärkungen), dabei an einer Seitennaht die Wendeöffnung lassen. Die Tasche aus Oberstoff auf rechts wenden und in die Tasche aus Futterstoff schieben, die rechten Stoffseiten zeigen zueinander. Den oberen Rand absteppen, dann die Tasche durch die Wendeöffnung auf rechts drehen, die Nähte flach bügeln und die Wendeöffnung von Hand schließen. Den oberen Rand knappkantig absteppen.

8 Die zwölf Ösen an den Markierungen nach Herstelleranleitung einschlagen. Dann den Träger am oberen Rand der Seitenverstärkungen von Hand annähen.

9 Für das Zugband den Stoffstreifen der Länge nach mittig falten, bügeln und wieder öffnen. Dann die langen Kanten bis zur Mittelfalte einklappen, das Band wieder mittig falten und bügeln. Den Rand knappkantig absteppen, die Enden verknoten.

10 Die Mitte des Zugbands auf der Rückseite der Tasche zwischen den beiden mittleren Ösen feststeppen. So kann das Zugband später nicht rausrutschen. Das Zugband durch die Ösen fädeln und die Tasche auf der Vorderseite verschließen.

TIPP

Der Stoff mit dem großen Tigermuster hat einen großen Rapport (Musterwiederholung). Um den Tiger mittig auf die Vorderseite der Tasche zu bekommen, kann sich der Stoffverbrauch erhöhen. Nehmen Sie die Schnittteile zum Stoffkauf mit und legen Sie sie auf den Stoff. So lässt sich der Verbrauch besser einschätzen.

BLUE SHOPPER

Tote-Bag mit Schultergurt

●●●

GRÖSSE

30 cm x 40 cm x 10 cm

MATERIAL

- Oberstoff: Oilskin in Dunkelblau, 140 cm x 70 cm
- Futterstoff: Baumwollstoff in Rosa, 120 cm x 50 cm
- Vlieseinlage: Vlieseline S 320, 140 cm x 60 cm
- Gurtband in Rosa-Weiß gestreift, 4 cm breit, 1 m lang
- Zackenlitze und Pomponband in Rosa, je 22 cm lang
- Reißverschluss in Rosa, 22 cm lang
- Stegschnalle, 3 cm breit
- 2 D-Ringe, 3 cm breit
- 2 Taschenkarabiner, 3 cm breit
- starkes Polyesternähgarn in Rosa (z. B. Gütermann Mara 30)
- 2 Buchschrauben
- Magnet-Taschenverschluss
- Schnittmusterbogen A

ZUSCHNEIDEN

Die Schnittteile werden um 90° gedreht in einfacher Stofflage ausgeschnitten. So kann die gesamte Stoffbreite genutzt werden. Achten Sie beim Kauf von gemustertem Stoff darauf.

OBERSTOFF

- 1x Schnittteil „Seitenteil" im Stoffbruch
- 1x Schnittteil „Zwischenstück"
- 1x Schnittteil „Zwischenstück a"
- 1x Schnittteil „Zwischenstück b"
- 1x Streifen für Träger, 140 cm x 9 cm
- 2x Zuschnitt für Trägerhalter, 8 cm x 8 cm
- 1x Blendenstreifen, 82 cm x 7 cm

FUTTERSTOFF

- 1x Schnittteil „Seitenteil" im Stoffbruch
- 3x Schnittteil „Zwischenstück"

VLIESEINLAGE

- 1x Schnittteil „Seitenteil" im Stoffbruch
- 2x Schnittteil „Zwischenstück"
- 2x Streifen für Träger, 140 cm x 3 cm

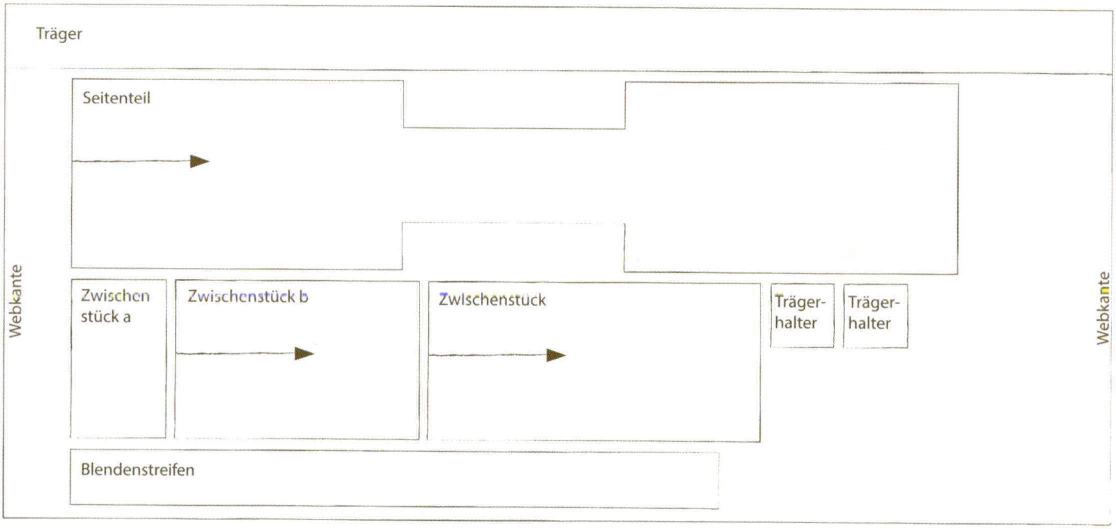

weiter auf Seite 46 →

HAMBURG
nder

1 Die Vlieseinlagen gemäß Herstellerangaben auf die linke Stoffseite der Zuschnitte aus Futterstoff bügeln. Ein Zwischenstück erhält keine Vlieseinlage.

2 Den Reißverschluss rechts auf rechts bündig an eine kurze Kante von Zwischenstück b legen (der Schieber zeigt zum Oberstoff), dann annähen und den Stoff zurückklappen.

3 Nach dem gleichen Prinzip Zwischenstück a an den oberen Rand des Reißverschlusses nähen. Die Nähte nach Wunsch mit einer Ziernaht aus stärkerem Garn in Rosa versehen.

4 Das Zwischenstück nach Wunsch mit Dekobändern, Webbändern oder Zierstichen aus stärkerem Garn dekorieren. Anschließend das verzierte Zwischenstück links auf rechts auf das Zwischenstück aus Futterstoff ohne Vlieseinlage legen und die Teile am Rand knappkantig zusammennähen. Beim Öffnen des Reißverschlusses ist innen die rechte Stoffseite des Futterstoffs zu sehen.

5 Das zusammengenähte Zwischenstück rechts auf rechts auf eine lange mit „Naht x“ markierte Kante des Seitenteils aus Oberstoff legen und die Teile zusammennähen. Das Stoffstück aufklappen und bügeln.

6 Die zweite lange Kante des Zwischenstücks rechts auf rechts auf die zweite lange mit „Naht x“ markierte Kante des Seitenteils aus Oberstoff legen und die Teile zusammennähen. Aufklappen und bügeln. Nach Wunsch mit einer Ziernaht aus stärkerem Garn parallel zur Nahtkante verzieren.

7 Das untere Verbindungsstück gemäß Abbildung falzen, dann die erste Bodennaht schließen. Anschließend das zweite – durchgehende – Zwischenstück wie in Schritt 5 und 6 beschrieben auf der anderen Seite an die mit „Naht y“ bezeichneten Kanten nähen und ebenfalls die Bodennaht schließen.

8 Die Tasche aus Futterstoff wie in Schritt 5 bis 7 beschrieben nähen, allerdings die letzte Naht von Zwischenstück und Seitenteil zunächst noch offen lassen und den Blendenstreifen annähen. Dazu eine lange Kante des Blendenstreifens 1 cm zur linken Stoffseite bügeln und den Streifen links auf rechts oben auf den Rand des Seitenteils aus Futterstoff legen. Die offenen Stoffkanten des Blendenstreifens und des Seitenteils aus Futterstoff liegen dabei bündig aufeinander. Die untere, gebügelte Kante des Streifens knappkantig aufsteppen. Nun die letzte Naht von Zwischenstück und Seitenteil schließen, dabei eine 15 cm lange Wendeöffnung lassen. Die Magnetverschlüsse gemäß Markierung befestigen, ggf. dafür das Futter an dieser Stelle auf der linken Stoffseite mit einem zusätzlichen Stück Vlieseinlage verstärken.

9 Die Zuschnitte für die Trägerhalter mittig rechts auf rechts falten und an den langen offenen Kanten absteppen. Die Trägerhalter auf rechts wenden, mittig falten und den D-Ring auffädeln. Die Halter jeweils mittig gemäß Markierung am oberen Rand des Seitenteils annähen.

2

3

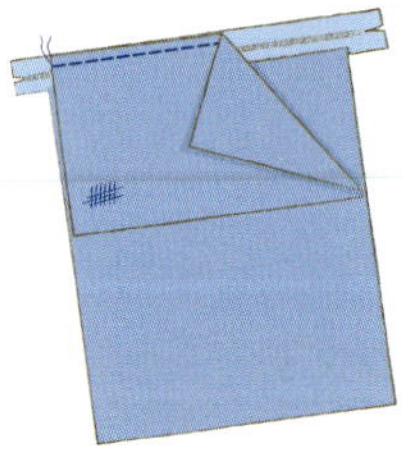

4

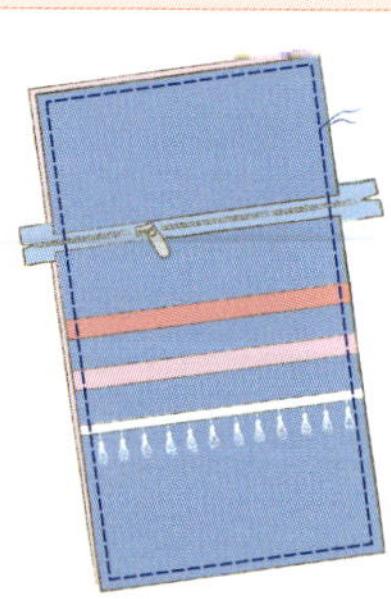

10 Die Tasche aus Oberstoff auf links belassen, die Tasche aus Futterstoff auf rechts wenden und in die Tasche aus Oberstoff schieben. Die beiden Taschenteile am oberen Rand zusammennähen. Die Tasche auf rechts wenden, den oberen Rand knappkantig absteppen.

11 Das Gurtband in zwei gleich lange Hälften teilen. Jede Hälfte der Länge nach falten und die mittleren 18 cm knappkantig absteppen. Die Enden der beiden Griffe 1 cm nach innen umschlagen und mittig auf die Teilungsnähte der Tasche legen. Mit einer rechteckigen Naht festnähen.

12 Für den langen Träger die beiden Trägerstreifen aus Vlieseinlage nebeneinander auf den Stoffstreifen für den Träger bügeln. Die beiden Vliesstreifen haben dabei einen Abstand von wenigen Millimetern. Die kurzen Kanten des Trägers 1 cm zur linken Stoffseite bügeln, dann die langen Kanten 1 cm zur linken Stoffseite bügeln. Den Trägerstreifen der Länge nach mittig falzen, sodass die Vlieseinlage innen liegt. Den Rand des Trägers knappkantig absteppen. Ein Ende durch einen Taschenkarabiner fädeln und festnähen. Auf der anderen Seite das Ende zunächst durch die Leiterschnalle und den Karabiner fädeln, anschließend von unten um den Steg der Leiterschnalle legen und zum Schluss annähen.

TIPP

Für Ziernähte mit stärkerem Nähgarn evtl. eine Ledernadel verwenden, die Stichlänge etwas vergrößern und evtl. die Spannung des Oberfadens etwas verringern. Vor dem Nähen auf einem Stoffrest eine Probenaht nähen.

INSIDE OUT

Crossbody-Wendetasche

●●●

GRÖSSE

25 cm x 29 cm x 5 cm (ohne Henkel)

MATERIAL

- Oberstoff 1: Baumwollstoff mit buntem Muster, 100 cm x 70 cm
- Oberstoff 2: Baumwollstoff in Rot-Weiß mit Blumenranken, 70 cm x 60 cm
- Vlieseinlage 1: Vlieseline S 320, 70 cm x 40 cm
- Vlieseinlage 2: Vlieseline G 405, 40 cm x 60 cm
- Gurtband in Rot, 4 cm breit, 130 cm lang
- Schnittmusterbogen A

ZUSCHNEIDEN

OBERSTOFF I

- 3x Schnittteil „Taschenteil"
- 1x Schnittteil „Rückteil"

OBERSTOFF 2

- 1x Schnittteil „Taschenteil"
- 1x Schnittteil „Rückteil"

VLIESEINLAGE I

- 2x Schnittteil „Taschenteil" mit Nahtzugabe

VLIESEINLAGE 2

- 1x Schnittteil „Rückteil" mit Nahtzugabe

1 Die Vlieseinlage gemäß Herstellerangaben jeweils auf die linke Stoffseite der Zuschnitte aus Oberstoff 1 bügeln.

2 Bei allen Schnittteilen die unteren Abnäher nähen. Dazu die Nahtlinien für die Abnäher mit Bleistift jeweils auf die linke Stoffseite übertragen. Den Stoff mittig an den Abnähern rechts auf rechts so falten, dass die Nahtlinien aufeinanderliegen. Die Abnäher an den Nahtlinien zusammennähen.

3 Die beiden Zuschnitte für die Rückteile rechts auf rechts legen und die Kanten an der Taschenklappe zusammennähen. Die Nahtzugabe an der Rundung v-förmig einschneiden und die Klappe auf rechts wenden. Den genähten Rand nochmals knappkantig absteppen.

4 Einen Taschenzuschnitt aus Oberstoff 1 und einen Taschenzuschnitt aus Oberstoff 2 rechts auf rechts legen und das Rückteil zwischen die Stofflagen schieben. Dabei zeigen jeweils die gleichen Stoffe zueinander. Die Taschenteile an den Seiten und dem unteren Rand zusammennähen. Die Nahtzugabe an den Rundungen v-förmig einschneiden und die Tasche auf rechts wenden.

2

3

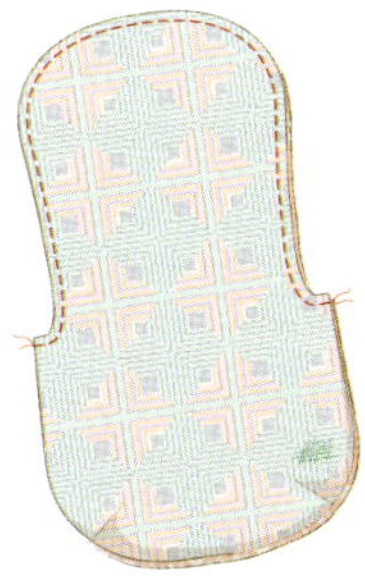

4

weiter auf Seite 50 →

5

6

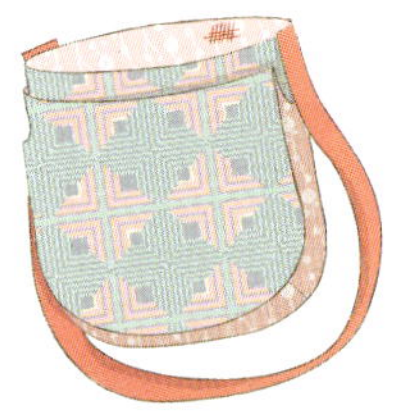

7

8

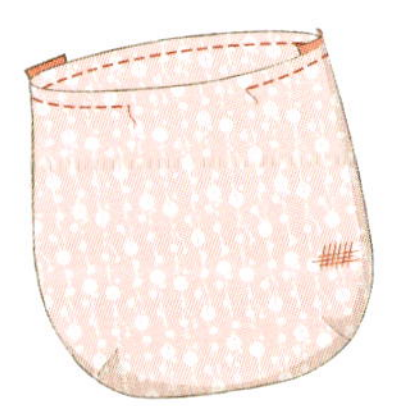

5 Die zwei restlichen Taschenzuschnitte aus Oberstoff 1 rechts auf rechts legen und an den Seiten und dem unteren Rand zusammennähen. Die Nahtzugabe v-förmig einschneiden, die Tasche jedoch nicht auf rechts wenden.

6 Die Trägerenden auf den beiden Seitennähten am oberen Rand der Tasche mit Rückteil mit Stecknadeln befestigen, dabei liegen die Stoff- und Trägerkanten bündig aufeinander.

7 Die Tasche mit dem Träger in die Tasche aus Oberstoff 1 schieben, sodass die rechten Stoffseiten zueinander zeigen.

8 Die Tasche am oberen Rand zusammennähen, dabei eine Wendeöffnung lassen. Die Tasche auf rechts wenden und die Tasche aus Oberstoff 1 in die Tasche aus den beiden unterschiedlichen Stoffen schieben. Die Nahtzugabe an der Wendeöffnung nach innen legen und bügeln. Den oberen Rand nochmals knappkantig absteppen. Dabei das Rückteil nicht am oberen Rand mit festnähen, da die Tasche ansonsten nicht gewendet werden kann. Die Tasche kann durch das Umstülpen der hinteren Tasche auf die andere Seite gewendet werden.

TIPP

Die Tasche können Sie leicht in jeder erdenklichen Größe nähen. Die Länge des Reißverschlusses beträgt dabei die geplante Taschenbreite abzüglich 0,5 cm. Inklusive der Nahtzugabe von 1 cm ist der Reißverschluss 2,5 cm kürzer als die Breite des Taschenzuschnitts.
Wenn Sie die Tasche aus einem dünneren Stoff nähen möchten, verstärken Sie den Oberstoff mit Vlieseinlage (z. B. Vlieseline G 405).

SIMPLY BEAUTIFUL

Einfache Kosmetiktasche

GRÖSSE

19 cm x 12 cm

MATERIAL

- Oberstoff: Oilskin in Gelb, 25 cm x 30 cm
- Futterstoff: Baumwollstoff in Dunkelblau, 25 cm x 30 cm
- Schrägband in Dunkelblau, Rest
- Reißverschluss in Dunkelblau, 18-19 cm lang
- Schnittmusterbogen A

ZUSCHNEIDEN

OBERSTOFF

- 2x Schnittteil „Kosmetiktasche“

FUTTERSTOFF

- 2x Schnittteil „Kosmetiktasche“

1 Den Reißverschluss bei Bedarf auf die Länge von 16 cm kürzen. Zwei 5 cm lange Stücke Schrägband zurechtschneiden und mittig falzen. Die Stücke jeweils um ein Reißverschlussende legen und festnähen.

2 Den Reißverschluss rechts auf rechts an eine lange Kante eines Taschenteils aus Oberstoff legen und annähen.

3 Einen Zuschnitt aus Futterstoff rechts auf rechts auf den Oberstoff legen, der Reißverschluss liegt zwischen den Stofflagen, der Schieber zeigt zum Oberstoff. Die Stofflagen von der Oberstoffseite aus zusammennähen, dabei die bereits vorhandene Naht genau nachnähen. Die Stofflagen aufklappen – der Reißverschluss wird wieder sichtbar – und bügeln. Die andere Seite des Reißverschlusses genauso zwischen die beiden anderen Stoffzuschnitte nähen.

4 Den Reißverschluss zur Hälfte öffnen. Dann die Taschenteile so legen, dass auf der einen Seite des Reißverschlusses beide Zuschnitte aus Oberstoff rechts auf rechts aufeinanderliegen, auf der anderen Seite des Reißverschluss liegen die Zuschnitte aus Futterstoff rechts auf rechts. Den Rand jedes Taschenteils einzeln mit einer Naht schließen, dabei im Futterstoff eine ca. 6 cm lange Wendeöffnung lassen.

5 Die Tasche auf rechts wenden, das Futter in die Tasche aus Oberstoff schieben und alles glatt bügeln. Die Wendeöffnung von Hand schließen.

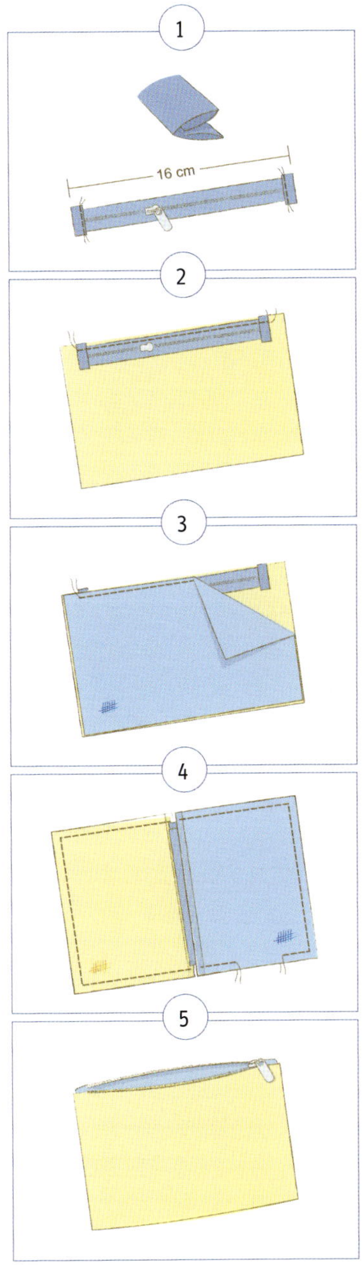

BLUE MOOD

Clutch mit Plisseefalten

●●●

GRÖSSE

26 cm x 18 cm

MATERIAL

- Oberstoff 1: Baumwollstoff in Dunkelblau, 30 cm x 15 cm
- Oberstoff 2: Baumwollstoff in Mittelblau, 25 cm x 20 cm
- Oberstoff 3: Baumwollstoff in Hellblau, 60 cm x 30 cm
- Futterstoff: Baumwollstoff in Hellblau, 60 cm x 25 cm
- Reißverschluss in Dunkelblau, mindestens 30 cm lang
- Vlieseinlage: Vlieseline G 405, 30 cm x 50 cm
- 9 Knöpfe in verschiedenen Rottönen, Größen nach Wunsch
- ▶ Schnittmusterbogen A

ZUSCHNEIDEN

OBERSTOFF 1

- 2x Schnittteil „Blende“

OBERSTOFF 2

- 2x Schnittteil „Mittelteil“

OBERSTOFF 3

- 4x Schnittteil „Seitenteil“ (2x normal, 2x spiegelverkehrt)

FUTTERSTOFF

- 2x Schnittteil „Futter“

VLIESEINLAGE

- 2x Schnittteil „Futter“ mit Nahtzugabe

1 Die Vlieseinlage gemäß Herstellerangaben auf die linke Stoffseite des Futterstoffs bügeln.

2 Für die Plisseefalten an den Seitenteilen jeweils den Stoff rechts auf rechts in Pfeilrichtung in Falten legen (für die beiden oberen Falten nach oben, für die unteren Falten nach unten). Die Falten bügeln.

3 Mit einer geraden knappkantigen Naht an der langen Stoffkante die Falten fixieren.

4 Ein Seitenteil mit der genähten Kante rechts auf rechts an eine lange Kante eines Mittelteils nähen. Dabei darauf achten, dass die Markierungen aufeinandertreffen. Das zweite Seitenteil genauso an die andere lange Kante des Mittelteils nähen. Mit der anderen Taschenseite genauso verfahren. Die Nähte aufklappen und flach bügeln.

5 Die Blenden mit der längsten Kante jeweils rechts auf rechts an der Oberkante der beiden Taschenteile annähen. Dabei darauf achten, dass die Markierungen aufeinandertreffen. Die Nähte auseinanderbügeln.

6 Den Reißverschluss bündig auf die Oberkante eines Taschenteils legen, der Schieber zeigt zur rechten Stoffseite der Tasche. Am oberen Rand festnähen, dabei die Naht am Anfang und am Ende mit 1 cm Abstand zum Stoffrand setzen.

7 Einen Futterstoffzuschnitt rechts auf rechts passgenau auf das Plisseeteil legen und die beiden Stofflagen und den Reißverschluss mit Stecknadeln fixieren. Von der anderen Seite die genähte Naht nochmals nachnähen. Die Nähte auseinanderbügeln. Das andere Plisseeteil sowie das zweite Futterstoffteil genauso an die andere Seite des Reißverschlusses nähen (siehe auch Seite 17).

8 Den Reißverschluss bis zur Mitte öffnen. Mit dem Reißverschluss in der Mitte die Taschenteile aus Oberstoff sowie die Teile aus Futterstoff rechts auf rechts aufeinanderlegen. Die Tasche am äußeren Rand rundherum zusammennähen, dabei eine Wendeöffnung im Futterstoff lassen und nicht über den Reißverschluss nähen, sondern auf jeder Seite die Naht ca. 6 mm vor dem Reißverschluss enden lassen.

9 Die Tasche durch die Wendeöffnung auf rechts wenden und den Futterstoff in die Tasche aus Oberstoff schieben. Die Tasche bügeln. Die Wendeöffnung von Hand schließen und die Knöpfe aufnähen.

2

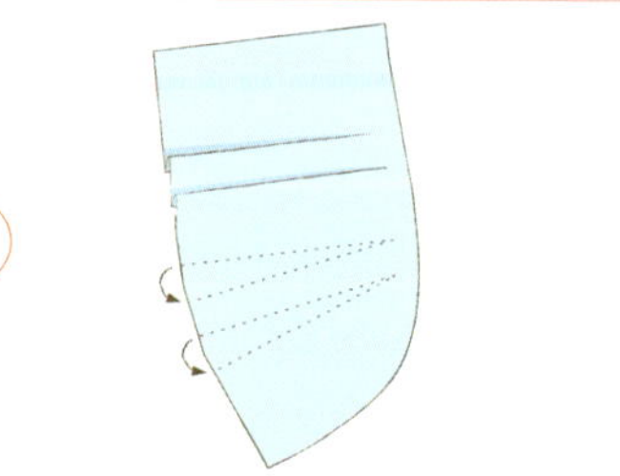

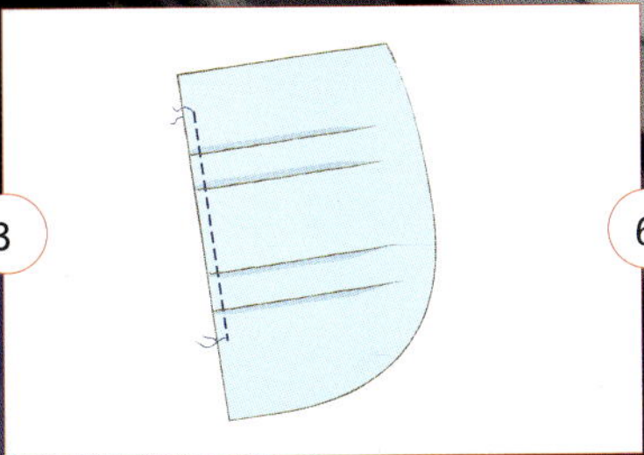

3

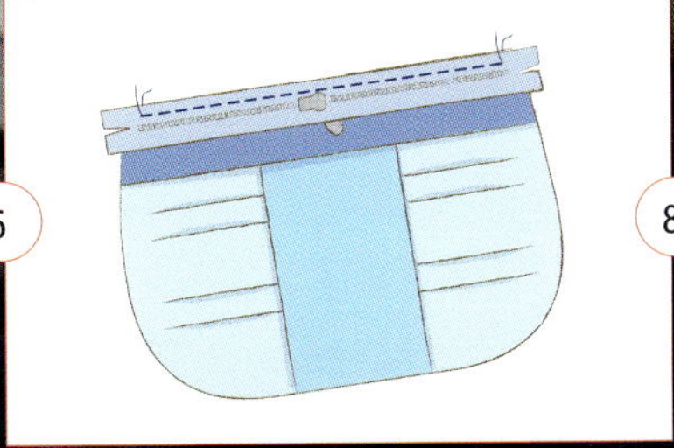

6

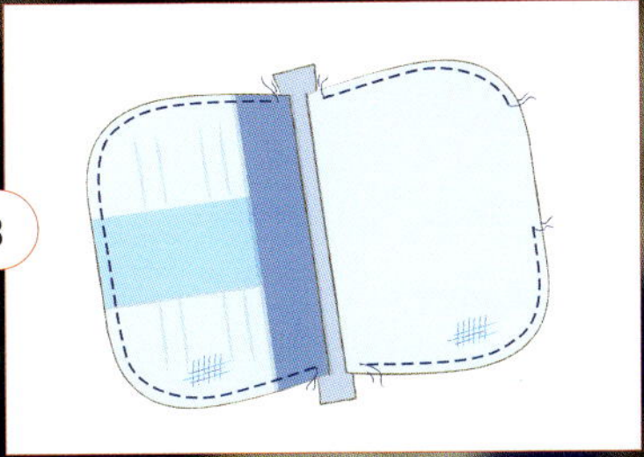

8

HAPPY HIPSTER

Hüfttasche aus Canvas

GRÖSSE

35 cm x 15 cm x 7 cm (ohne Gurtband)

MATERIAL

- Oberstoff: Sofa-Bezugsstoff in Grau meliert, 45 cm x 45 cm
- Futterstoff: Baumwollstoff in Orange-Pink gemustert, 45 cm x 45 cm
- Schrägband in Pink, 90 cm
- breiter Reißverschluss in Pink mit 2 Schiebern, 3,2 cm breit (Raupe 6 mm breit), 35 cm lang
- Gurtband in Pink, 3,5 cm breit, 1,30 m
- Schnalle in Schwarz, 3,5 cm breit
- Schnittmusterbogen B

ZUSCHNEIDEN

OBERSTOFF

- 1x Schnittteil „Oberseite“ im Stoffbruch
- 1x Schnittteil „Vorderseite“ im Stoffbruch
- 1x Schnittteil „Rückseite“ im Stoffbruch
- 2x Schnittteil „Seite“ (1x normal, 1x spiegelverkehrt)

FUTTERSTOFF

- 1x Schnittteil „Oberseite“ im Stoffbruch
- 1x Schnittteil „Vorderseite“ im Stoffbruch
- 1x Schnittteil „Rückseite“ im Stoffbruch
- 2x Schnittteil „Seite“ (1x normal, 1x spiegelverkehrt)

TIPP

Die Hüfttasche wurde aus einem stabilen Canvas genäht, auf eine Vlieseinlage wurde deshalb verzichtet. Wenn Sie die Tasche aus einer dünneren Webware nähen, können Sie alle Teile mit einer Vlieseinlage verstärken. Für einen leichten Stand eignet sich G 405, für einen stabilen Halt S 320.

weiter auf Seite 58 →

1

2

3

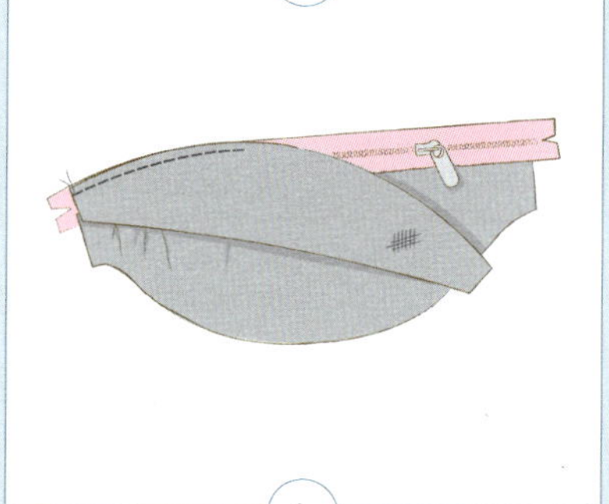

4

1 Den Reißverschluss rechts auf rechts an der Oberkante der Vorderseite aus Oberstoff anlegen und mit 7 mm Nahtzugabe annähen; die Einhaltung des Nahtzugabenmaßes ist wichtig, damit alle Taschenteile am Ende zusammenpassen.

2 Einen Vorderseitenzuschnitt aus Futterstoff rechts auf rechts auf die Vorderseite aus Oberstoff legen; der Reißverschluss liegt zwischen den Stofflagen, der Schieber zeigt zum Oberstoff. Die Stofflagen von der Oberstoffseite aus zusammennähen, dabei die bereits vorhandene Naht genau nachnähen. Die Stofflagen aufklappen – der Reißverschluss wird wieder sichtbar – und bügeln.

3 Die Oberseite der Hüfttasche mit der gebogenen Kante rechts auf rechts an die andere Seite des Reißverschlusses stecken, dabei in der Mitte beginnen und zu den beiden Seiten arbeiten. Den Reißverschluss mit 7 mm Nahtzugabe annähen. Das Oberseitenteil aus Futterstoff rechts auf rechts auf das Teil aus Oberstoff legen und wie in Schritt 2 beschrieben annähen.

4 Damit bei der weiteren Verarbeitung nichts verrutscht, können Sie die offenen Ränder oben und unten knappkantig absteppen und somit Oberstoff und Futterstoff verbinden. Die Zuschnitte für die Seiten rechts und links an die Tasche nähen, dazu die Zuschnitte aus Oberstoff rechts auf rechts von vorn auf die Tasche legen, die Futterstoffteile rechts auf rechts von hinten an die Tasche legen und alle drei Lagen zusammennähen. Je genauer die Nahtzugabe von 7 mm beim Einnähen des Reißverschlusses eingehalten wurde, desto besser passen die Teile nun zusammen. Die Seiten aufklappen und flach bügeln. Die Ränder der Seiten ggf. zusammennähen, damit nichts verrutscht.

5 Die beiden Zuschnitte für die Rückseite links auf links legen und rundherum die Ränder knappkantig absteppen. Die zusammengenähte Rückseite so auf die Arbeitsfläche legen, dass der Oberstoff nach oben zeigt. Den Reißverschluss zur Hälfte öffnen und die bereits zusammengenähte Vorderseite mit dem Oberstoff auf das Rückseitenteil legen; die Oberstoffe liegen aufeinander, außen ist auf beiden Seiten der Futterstoff zu sehen. Das Schrägband halbieren, aufklappen und am oberen Rand der Tasche sowie am unteren – gebogenen – Rand der Tasche anheften; rechts und links endet es jeweils in der Mitte der Seitenteile. Die offenen Kanten der Taschenteile und des Webbandes liegen aufeinander. Alle Stofflagen (Rückseite, Vorderseite und Schrägband) zusammennähen.

6 Das Schrägband um den Rand legen und knappkantig absteppen. So sieht die Tasche nach dem Wenden auch innen ordentlich aus. Das Schrägband verhindert außerdem, dass die offenen Kanten in der Tasche ausfransen.

7 Das Gurtband in zwei Hälften schneiden. Auf beiden Seiten der Tasche ein Stück Gurtband von innen durch die seitliche Öffnung schieben, sodass das Gurtband wenige Millimeter an den Seiten heraussteht, und annähen.

8 An den Gurtbandenden die beiden Teile der Steckschnalle gemäß Abbildung befestigen. Bei synthetischem Material die Enden zuvor über einer Flamme schmelzen, bei Baumwollband die Enden einschlagen und absteppen, damit sie nicht ausfransen. Ein Ende des Gurtbandes ist nun fixiert, das andere Ende kann in der Länge angepasst werden.

5

6

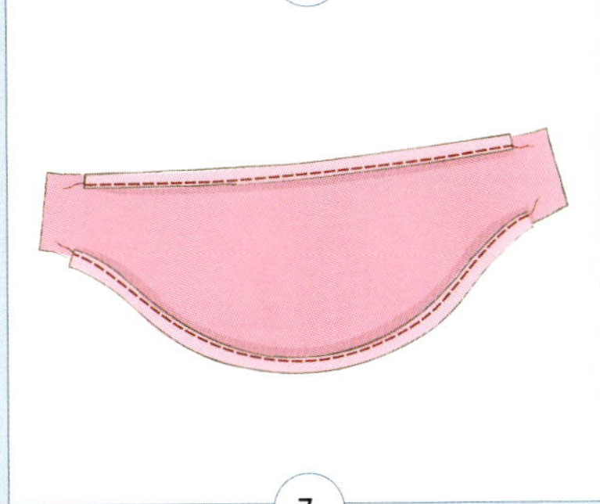

7

8

SCHÖNE ORDNUNG

Kartentasche mit Sichtfach

●●●

GRÖSSE

10 cm x 13 cm x 1 cm

MATERIAL

- Oberstoff: Baumwollstoff in Dunkelblau mit Eulenmuster, 30 cm x 20 cm
- Futterstoff: Baumwollstoff in Weiß mit Eulenmuster, 40 cm x 40 cm
- feste transparente Folie (z. B. Tischdecke), 10 cm x 20 cm
- Endlosreißverschluss in Rot mit Schieber, mindestens 46 cm lang
- Schrägband in Rot, 2 cm breit, 20 cm lang
- Vlieseinlage: Vlieseline S 520, 25 cm x 15 cm
- Baumwollgarn gewachst in Weiß, Rest
- Glasperle in Rot, ø 1,2 cm
- Schnittmusterbogen B

ZUSCHNEIDEN

OBERSTOFF I

- 2x Schnittteil „Seite“
- 1x Schnittteil „Steg“

FUTTERSTOFF

- 2x Schnittteil „Seite“
- 1x Schnittteil „Steg“
- 3x Schnittteil „Innenfächer rechts“

TRANSPARENTE FOLIE

- 1x Zuschnitt für Innenfach links, 6 cm x 15 cm

VLIESEINLAGE

- 2x Zuschnitt für die Seiten, 9,5 cm x 12,5 cm

HINWEIS

Die Vlieseinlage wird erst am Ende der Anleitung aufgebügelt.

weiter auf Seite 62 →

1 Zwei der drei Innenfächer gemäß Schnittmuster mittig rechts auf rechts falten. An der langen Kante zusammennähen, auf rechts wenden und flach bügeln. Den dritten Zuschnitt mittig links auf links falten und bügeln.

2 Die drei Innenfächer auf einen Seitenzuschnitt aus Futterstoff nähen. Dazu zunächst ein genähtes Innenfach mit dem oberen Rand an die obere Markierung auf dem Seitenteil legen und am unteren Rand annähen. Für die mittlere Tasche das zweite genähte Innenfach an die mittlere Markierung legen und am unteren Rand annähen. Den Zuschnitt für die untere Tasche mit den offenen Kanten an den unteren Rand des Seitenteils legen und mit Stecknadeln fixieren.

3 Bei dem Steg aus Futterstoff die Nahtzugaben an den kurzen Seiten zur linken Stoffseite bügeln. Den Steg rechts auf rechts auf das Seitenteil mit den drei Innenfächern legen. Dabei darauf achten, dass die Markierungen aufeinandertreffen. Die beiden Seiten und den unteren Rand des Seitenteils knappkantig absteppen.

4 Das Schrägband mittig der Länge nach falten. Eine Längsseite der transparenten Tischdecke zwischen das Schrägband schieben und festnähen.

5 Die transparente Innentasche gemäß Abbildung auf die rechte Stoffseite des zweiten Seitenteils aus Futterstoff legen und den Rand knappkantig absteppen.

6 Die Seitenteile des Reißverschlusses ca. 6 mm einschneiden. Für die Abstände zwischen den Schnitten siehe Grafik Seite 63. Die Schnitte vorsichtig mit einem Feuerzeug versiegeln, damit sich der Webrand am Reißverschluss nicht auflöst.

7 Bei dem Steg aus Oberstoff die Nahtzugaben an den kurzen Seiten zur linken Stoffseite bügeln. Den Steg rechts auf rechts auf das Seitenteil aus Oberstoff legen, dabei darauf achten, dass die Markierungen aufeinandertreffen. Die beiden Teile zusammennähen.

8 Den Reißverschluss rund um den Rand des Seitenteils aus Oberstoff legen. Dabei liegen die Einschnitte genau an den Ecken und der Reißverschlussrand 3 mm vom Stoffrand entfernt an der Ansatzlinie im Schnittmuster. Den Reißverschluss ggf. trennen, dann lassen sich die Ecken leichter arbeiten, der Schieber kann später wieder eingefügt werden. Den Reißverschluss außen rundherum annähen, dabei die Naht vor dem Steg enden lassen und diesen nicht mit festnähen.

9 Den Steg aufklappen und die zweite lange Kante an den zweiten Seitenzuschnitt aus Oberstoff nähen. Dabei darauf achten, dass die Markierungen aufeinandertreffen.

10 Den Reißverschluss trennen. Die Tasche aufklappen und den zweiten Teil des Reißverschlusses wie in Schritt 8 beschrieben annähen.

11 Die Zuschnitte aus Futterstoff rechts auf rechts passgenau auf die Taschenteile aus Oberstoff legen. Den äußeren Rand absteppen, dabei die Naht vor den Stegzuschnitten enden lassen und diese nicht mit festnähen. Einfacher geht es, wenn Sie die Tasche umdrehen und die sichtbare Nahtlinie auf der Tasche aus Oberstoff nachnähen. Der Steg aus Futterstoff ist nur auf einer Seite angenäht, die andere Seite bleibt offen. Beim Nähen auch darauf achten, dass die Zähnchen der Reißverschlüsse nicht versehentlich mit festgenäht werden.

12 Die acht Ecken der Tasche schräg zurückschneiden und die beiden Taschenseiten durch die mittleren Öffnungen auf rechts wenden. Den Reißverschluss auf die Reißverschlusszähnchen fädeln. Dabei darauf achten, dass der Schieber auf der Außenseite liegt und die Ecken bei der geschlossenen Tasche übereinanderliegen.

13 Die Ecken an den Zuschnitten der Vlieseinlage abrunden. Die Vlieseinlagen zwischen die Stofflagen schieben und von der Außenseite festbügeln. Darauf achten, dass die Folie nicht durch das zu heiße Bügeleisen schmilzt; ggf. ein Stück Pappe zwischen Vlieseinlage und Stoff schieben, um die Folie zu schützen.

14 Die offene Stoffkante an der linken Taschenseite nach links falten, den Steg aus Futterstoff in die Lücke schieben und die Naht von Hand schließen. Die Reißverschlussenden an den kurzen Seiten zwischen die Stegstoffe schieben und von Hand mit einigen Stichen fixieren. Dabei darauf achten, dass der Schieber außerhalb des Futters ist. Zum Schluss die Glasperle mit dem Garn am Schieber befestigen.

1

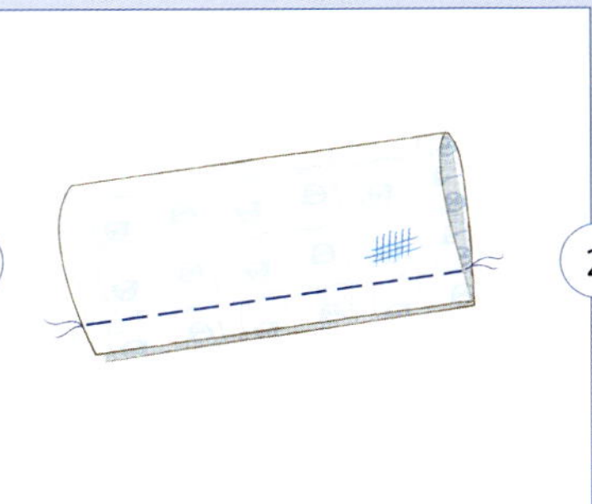

2

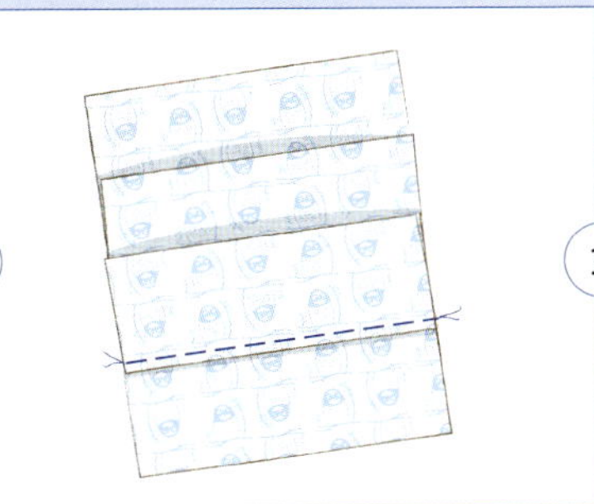

3

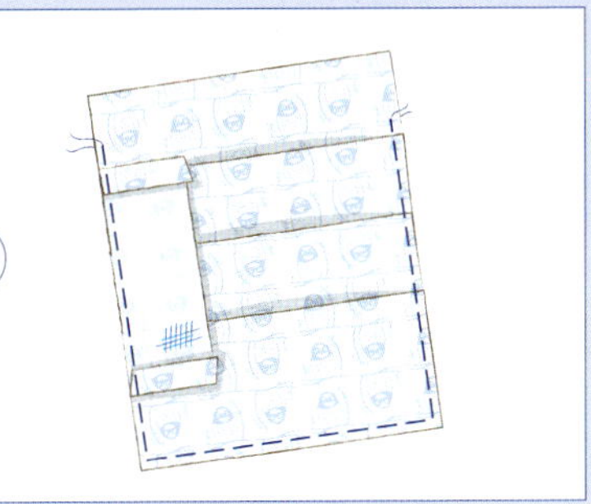

4

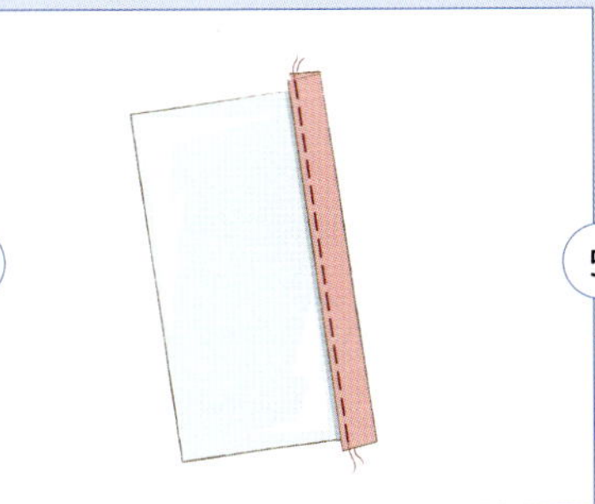

5

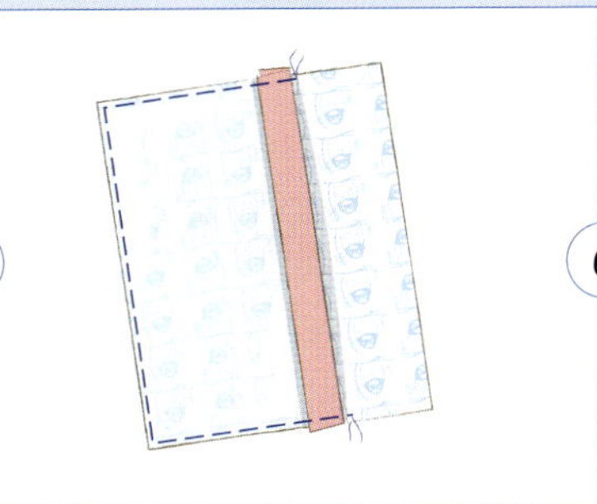

6

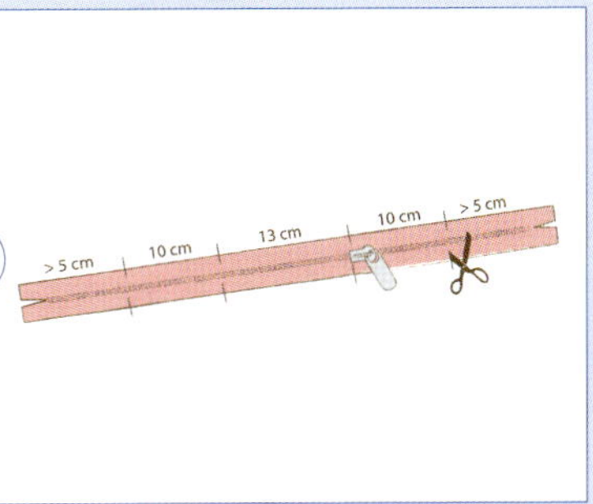

7

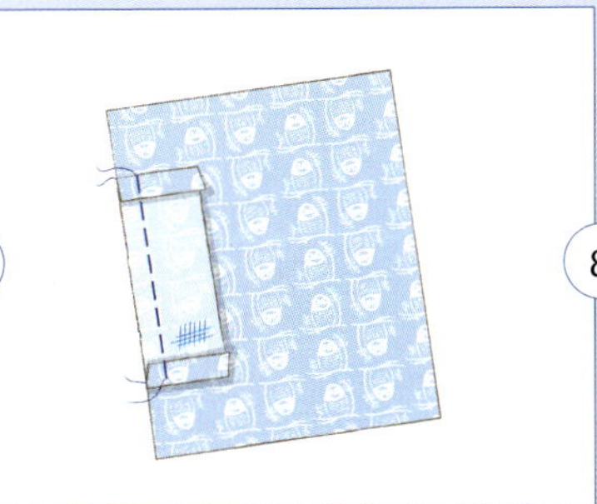

8

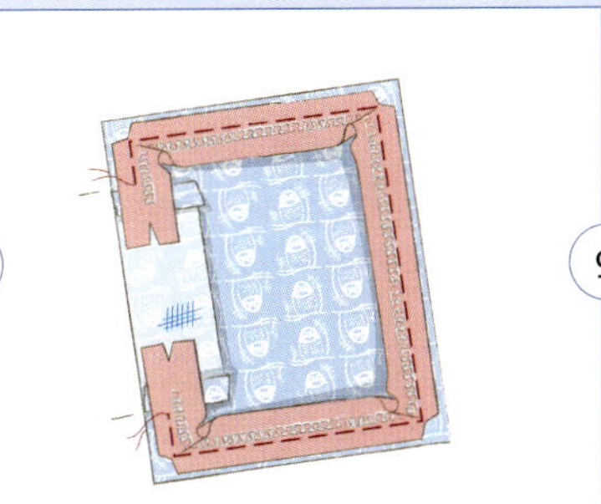

9

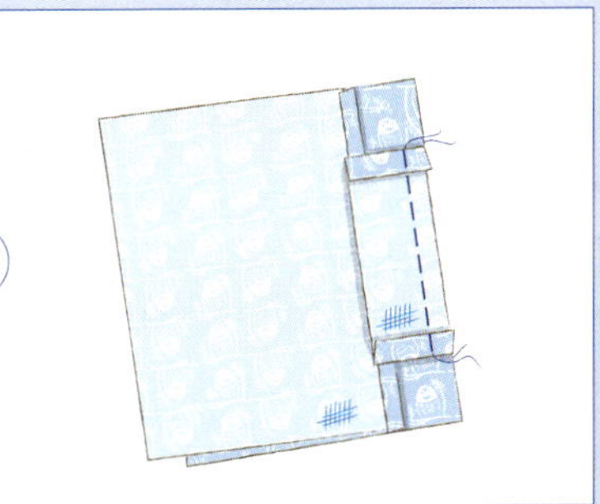

10

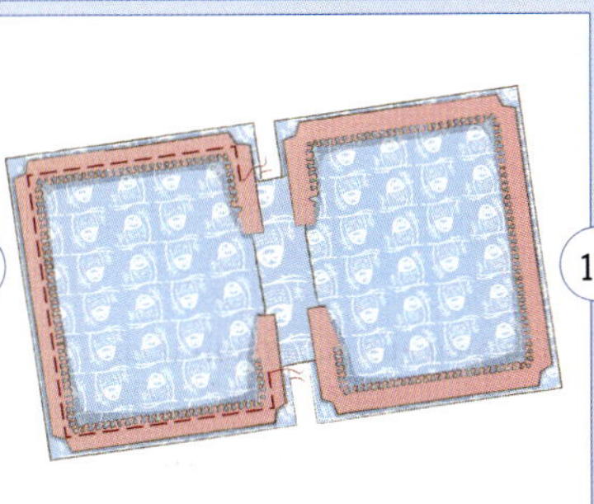

11

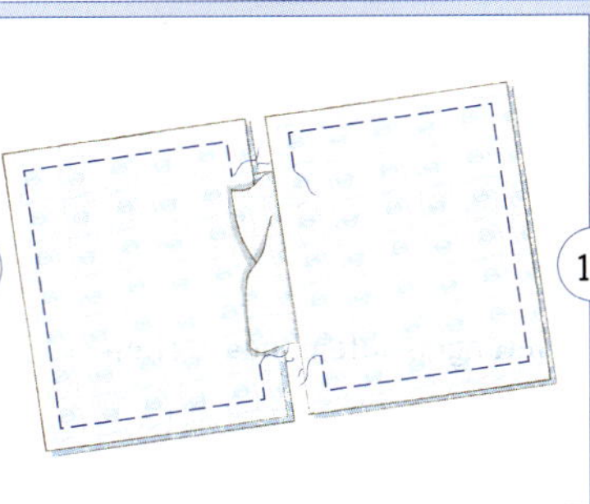

14

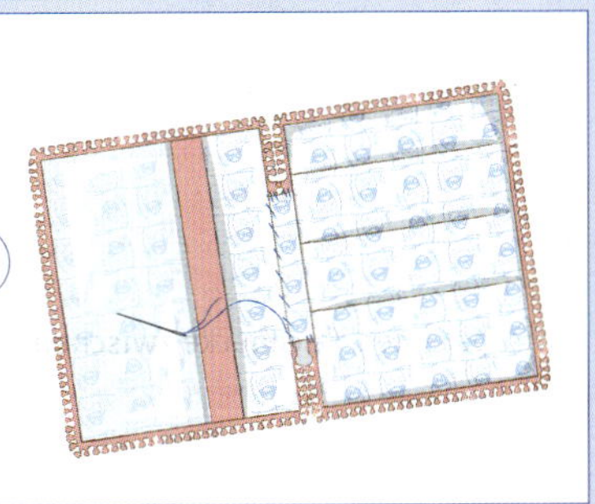

DIE AUTORIN

MIRIAM DORNEMANN

Miriam Dornemann kam über einen kurzen Umweg als Beamtin vor einigen Jahren bei ihrem Traumberuf als Illustratorin, Musterdesignerin und Autorin für Kreativbücher an. Seitdem verbinden sich Hobby und Arbeit ganz unproblematisch und getreu dem Motto „Eine Idee generiert 100 neue“. Genäht hat sie schon von Kindheit an, zunächst Puppenkleider und einfache Taschen, später dann Kleidung und ... noch mehr Taschen. Weitere kreative Ideen und Inspirationen gibt es auf ihrer Webseite: www.mirid.de

SERVICE-HOTLINE

Haben Sie Fragen oder gibt es ein Problem? Wir helfen Ihnen gern. Rufen Sie uns an oder schreiben Sie eine E-Mail:
Telefon: 0711/123 757 20*

*normale Telefongebühren

E-Mail: hilfe@frechverlag.de

Weitere Informationen zum Verlag und zu unserem gesamten Programm finden Sie unter:
www.topp-kreativ.de

DANKE

Ein herzliches Dankeschön geht an die Firmen, die mich bei dem Buch mit den wunderbar farbenfrohen Stoffen unterstützt haben: Free Spirit Stoffe, MEZ GmbH (www.mezcrafts.com), Gütermann (www.guetermann.com) und Westfalen-Stoffe (www.westfalenstoffe.de) für die freundliche Unterstützung mit Stoffen.

IMPRESSUM

Überarbeitete Neuauflage von TOPP 8187

MODELLE: Miriam Dornemann

FOTOS: frechverlag GmbH, 70839 Gerlingen; lichtpunkt, Michael Ruder, Stuttgart

PRODUKTMANAGEMENT: Ina Hoffmann, Lisa-Marie Weigel

LEKTORAT: Dr. Christine Schlitt, Worms

GESTALTUNG: Atelier Schwab, Haselund

DRUCK: DZS Grafik, Slowenien

7. Auflage 2026

ISBN 978-3-7724-6887-1 • Best.-Nr. 6887